황봉학 시인이 만든
시낭송 실기교본

제 1 권

황봉학 시인이 만든
시낭송 실기교본 1

초판인쇄 | 2023년 10월 30일
초판발행 | 2023년 11월 01일

지 은 이 | 황봉학
자료수집 | 김동희, 엄다경, 이숙희
펴 낸 이 | 박종래
펴 낸 곳 | 도서출판 명성서림

등록번호 | 301-2014-013
주   소 | 04552 서울시 중구 삼일대로8길 17 3~4층(충무로 2가)
대표전화 | 02)2277-2800
팩   스 | 02)2277-8945
이 메 일 | ms8944@chol.com

ISBN 979-11-93543-01-6 04810 값 20,000원
ISBN 979-11-93543-00-9 (세트)

※ 이 책의 저작권은 저자와 도서출판 명성서림에 있습니다.
  무단전재와 복제를 금합니다.

대한민국 시낭송가와 시낭송 지도자의 필수 지침서

황봉학 시인이 만든
시낭송 실기교본

제1권

도서출판 명성서림

| 머리말 |

대한민국 최초의 시낭송 실기교본

새들이 창공을 높이 날 때, 그들에게는 날개가 있으니 당연히 쉽게 날 수 있는 줄 만 알았다. 하지만 새들은 어쩌면 필사적으로 먹이라는 목표를 향해 쉴 새 없이 날갯짓을 하는 것인지도 모른다.

인간도 새와 다르지 않아 삶을 영위하기 위해 끊임없이 배우고 노력하며 자신의 참된 삶의 의미를 위해 최선을 다해 살아갈 것이다.

필자 또한 이 책이 나오기까지 오십여 년을 시인으로 고뇌하는 창작자의 입장과, 시에 열의를 가진 제자들에게 실질적인 창작지도와, 시낭송을 배우고자 하는 수백 명의 낭송가들을 지도하며, 현장에서 보고 느낀 문제점과 시낭송대회에서 다년간의 심사 활동 등을 통하여, 경험으로 빚어낸 혼신의 힘을 쏟아 부었다고 자부한다.

하지만 이 책은 단지 경험이나 지도의 노하우만으로 구성된 책은 아니다. 시의 문학성을 기본으로 하는 시의 이해와 표준발음법에 따른 정확한 발음과 표현법 등, 지금까지 시의 전문성과 시낭송을 결합하는 사람이 부족한 현실에서, 오직 시와 시낭송을 사랑하는 애틋한 마음으로 어려운 길을 개척해 왔다. 시를 중심으로 전문적인 이론과 실무를 시스

템적으로 마음껏 활용할 수 있도록 정리하여 시낭송의 거시적, 미시적 관점으로 모두 담아내고자 노력하였다.

이 책을 볼 수 있는 대상은 초보 시낭송인에서부터 문학의 입체적 지식을 필요로 하는 일반인, 학생, 전문적으로 시낭송을 가르치고 있는 지도자, 국어 선생님 등 모든 대상자를 망라하여 아우를 수 있는 시낭송계의 교과서이자 전문 지침서로 활용되길 바란다.

현대는 인터넷과 각종 매체를 통한 글의 무분별한 정보 속에 살고 있기에 검증되지 않은 정보의 홍수 속에서 이제는 무엇이 옳고 그른지 조차 분간하기 힘든 암담한 지경이다.

이 책 속에는 한국의 저명한 시인들의 100편이 넘는 시를, 정확한 원본을 찾는 과정과 시인의 소개, 시의 이해와 표준발음법에 의한 장음과 단음, 된소리 거센소리 등 발음의 유의점, 낭송의 실제 발음 등 친절한 사례를 통하여 독자가 쉽게 스스로 공부해 나갈 수 있도록 하였다. 무엇보다 가장 고뇌와 어려움이 컷던 부분은 이 책에 포함된 시의 저자 또는 후손을 통한 정확한 원본 대조 작업이었다. 인터넷에 떠다니는 진짜 저자의 작품이 무엇인지 구분할 수 없는 혼돈과 혼란으로부터 작가의 원작과 의도를 인터뷰나 시집 등을 통해 하나하나 대조 작업을 거쳐 빚어낸 땀의 결정체다.

이제 시낭송가는 올바른 국어와 우리말을 전도하고 전파하는 전문성을 겸비한 전도사가 되어야 한다. 장단음의 정확한 구사와 된소리와 거센소리를 구분하여 우리말의 고유한 리듬을 살리고 시어를 음성으로써 정확하게 전달할 수 있도록 안내하였다.

그동안 『좋은시바르게낭송하기운동』을 펼치면서 꾸준히 시의 원본의 중요성을 강조하는 지도와 홍보를 한 덕분에 낭송대회나 공연에서 원본을 확인하는 노력이 어느 정도 정착되었고, 조사 '의'와 '에'를 구분하여 낭송하는 것도 정착되어간다고 본다. 시창작의 기본인 '양행걸침'이나 '월행시행'의 경우는 철저하게 행을 지키며 낭송하는 단계에 이르게 되었다. '도치법'의 어미를 짧게 단호하게 처리함으로써 시가 강조하려는 시인의 의도를 살리는 낭송도 궤도에 이르렀다.

시낭송의 기교 중에는 연음, 여음, 토음, 함음이 있다. 이 중에서 가장 중요한 연음의 경우 미미한 수준의 시낭송가만 구사할 줄 아는 것으로 조사되었다. 모음 'ㅡ'와 'ㅜ'를 정확하게 구분하여 낭송하는 경우도 아주 적은 수준이다. 또한 조사 '의'는 '에'로 발음하는 것도 허용한다는 잘못된 표준발음법 때문에 꼭 '의'로 발음하지 않을 경우 시의 뜻이 달라지는 경우에도 '의'로 발음하지 못하는 시낭송가가 대부분이다. 시낭송가는 자신이 잘 구사되지 않는 발음은 수없이 연습하여서라도 발음 구사에 실패하여서는 안 된다.

시낭송이 예술의 한 장르로 올바르게 정착하기 위해서는 시낭송가 한 사람 한 사람이 책임감을 느끼고 낭송에 임해야 한다. 시낭송가라는 명칭이 생긴 지 이미 40여 년이 흘렀다. 불혹의 나이가 된 역사에 걸맞게 이제는 시낭송의 전문이론과 실무지식이 겸비되어야 한다.

  이 책을 엮기 위하여 원본 확인과 표준발음법으로 교안을 작성하는데, 6년이라는 긴 시간이 흘렀다. 실로 눈물겨운 작업이었다. 잘못된 시낭송을 바로 잡고 시낭송가가 예술인으로서 우뚝 서야 한다는 일념이 아니고는 불가능한 작업이었다.

  모쪼록 본 교본이 시낭송을 지도하는 현장에서 꼭 필요로 하는 지침서가 되고, 시낭송가에게는 올바른 시낭송이 무엇인가를 생각하게 되는 계기가 되기를 바라며, 시의 원본이 필요할 때 본 교재를 자신 있게 활용할 수 있기 바란다. 시낭송을 사랑하는 대한민국 국민의 교과서로서 새로운 이정표가 될 수 있기를 고대해 본다.

  끝으로 본 교본을 발간하기 위하여 고심하며 함께 해온 김동희, 엄다경, 이숙희 님께 감사하다는 말씀을 드린다.

  이제 필자는 또 시낭송에 필요한 새로운 자료를 정리하기 위하여 전국의 도서관을 향하여 발길을 옮긴다.

2023년 10월 '시인의 집 서재'에서
『좋은시바르게낭송하기운동』 본부장 황봉학

| 전권 목차 |

01. 문태준의 「옮겨가는 초원」
02. 배한봉의 「육탁」
03. 류시화의 「그대가 곁에 있어도 나는 그대가 그립다」
04. 신석정의 「약속」
05. 문병란의 「인연서설」
06. 정윤천의 「십만 년의 사랑」
07. 김상옥의 「봉선화」〈시조〉
08. 조지훈의 「사모」
09. 이생진의 「그리운 바다 성산포」
10. 박규리의 「치자꽃 설화」
11. 정호승의 「연어」
12. 문병란의 「희망가」
13. 박경리의 「옛날의 그 집」
14. 조지훈의 「石 門」
15. 나희덕의 「못 위의 잠」
16. 유안진의 「자화상」
17. 황봉학의 「백두산에 올라」〈시조〉
18. 김현태의 「인연이라는 것에 대하여」
19. 이근배의 「겨울행」
20. 문정희의 「곡비(哭婢)」
21. 심순덕의 「엄마는 그래도 되는 줄 알았습니다」
22. 유치환의 「초상집」

23. 황봉학의 「아! 안중근」
24. 황지우의 「너를 기다리는 동안」
25. 백석의 「흰 바람벽이 있어」
26. 이근배의 「노래여 노래여」
27. 문태준의 「빈집의 약속」
28. 송수권의 「정든 땅 언덕 위에」
29. 정완영의 「연과 바람」〈시조〉
30. 송수권의 「여승」
31. 이건청의 「산양」
32. 유치환의 「뜨거운 노래는 땅에 묻는다」
33. 황봉학의 「주흘산 달빛을 보다」
34. 신경림의 「역전 사진관집 이층」
35. 심훈의 「그날이 오면」
36. 이생진의 「내가 백석이 되어」
37. 이호우의 「달밤」〈시조〉
38. 송수권의 「산문(山門)에 기대어」
39. 엄다경의 「아버지의 아궁이」
40. 황종권의 「나는 문경새재의 저녁으로 눕는다」
41. 박두진의 「휩쓸려가는 것은 바람이다」
42. 박두진의 「어서 너는 오너라」
43. 황봉학의 「주술사」
44. 김소월의 「초혼(招魂)」

45. 김사인의 「좌탈」
46. 신석정의 「그 먼 나라를 알으십니까」
47. 문무학의 「우체국을 지나며」〈시조〉
48. 이기철의 「이화령쯤에서」
49. 신석초의 「바라춤」
50. 서정주의 「석굴암 관세음의 노래」
51. 유종인의 「염색」
52. 길상호의 「손바닥 성지」
53. 황봉학의 「어머니의 베틀」
54. 이대흠의 「동그라미」
55. 정호승의 「가시」
56. 이근배의 「금강산은 길을 묻지 않는다」
57. 정완영의 「조국」〈시조〉
58. 김경훈의 「그 누가 묻거든」
59. 안도현의 「그대에게 가고 싶다」
60. 도종환의 「내가 사랑하는 당신은」
61. 김기림의 「길」
62. 함석헌의 「그 사람을 가졌는가」
63. 황봉학의 「돌의 노래」
64. 박형권의 「도축사 수첩」
65. 손택수의 「아버지의 등을 밀며」
66. 이승하의 「늙은 어머니의 발톱을 깎아드리며」

67. 김중식의「완전무장」
68. 장시하의「돌아보면 모두가 사랑이더라」
69. 이기철의「별까지는 가야 한다」
70. 김광균의「설야」
71. 신경림의「가난한 사랑노래」
72. 마종기의「우화의 강 1」
73. 황봉학의「파계사에서」〈시조〉
74. 김남조의「가난한 이름에게」
75. 한용운의「님의 침묵」
76. 김선우의「목포항」
77. 정윤천의「발해로 가는 저녁」
78. 박목월의「어머니의 언더라인」
79. 조향미의「온돌방」
80. 공광규의「담장을 허물다」
81. 이수익의「昇天」
82. 윤동주의「쉽게 씌어진 시」
83. 황봉학의「피리」
84. 김도솔의「인력 시장」〈시조〉
85. 박제천의「비천」
86. 나태주의「너무 그러지 마시어요」
87. 함민복의「눈물은 왜 짠가」
88. 피재현의「밀당」

89. 김재진의 「토닥토닥」
90. 정호승의 「수선화에게」
91. 도종환의 「담쟁이」
92. 문병란의 「바다가 내게」
93. 김찬자의 「시(詩) 담은 찻사발」
94. 황봉학의 「일월오봉도」
95. 이상국의 「물속의 집」
96. 김수영의 「풀」
97. 천양희의 「우표 한장 붙여서」
98. 복효근의 「어떤 종이컵에 관한 관찰 기록」
99. 곽재구의 「김소월을 가르치다 보면」
100. 이정록의 「도깨비기둥」

[부록]
▶ 원본과 정본 그리고 발음법 ◀

01. 사평역에서 / 곽재구
02. 어느 대나무의 고백 / 복효근
03. 뼈저린 꿈에서만 / 전봉건
04. 둥근, 어머니의 두레밥상 / 정일근
05. 태양의 각문 / 김남조

06. 연리지(連理枝) / 황봉학
07. 쉬 / 문인수
08. 나와 나타샤와 흰 당나귀 / 백 석
09. 상한 영혼을 위하여 / 고정희
10. 목마와 숙녀 / 박인환
11. 자화상 / 서정주
12. 남사당 / 노천명
13. 한계령을 위한 연가 / 문정희
14. 빼앗긴 들에도 봄은 오는가 / 이상화
15. 나 하나 꽃 피어 / 조동화
16. 방문객 / 정현종
17. 네 켤레의 신발 / 이기철
18. 그대 앞에 봄이 있다 / 김종해
19. 들판은 시집이다 / 이기철
20. 멀리서 빈다 / 나태주

이 책이 꼭 필요한 사람

시낭송을 처음으로 공부하고자 하는 사람

시낭송대회에 참여하고자 하는 사람

시낭송 대회에서 수상한 경력이 있는 사람

시낭송을 지도하고 있는 사람

시낭송 심사를 할 가능성이 있거나 하고 있는 사람

자신의 시를 올바르게 낭송하고 싶은 사람

| 제1권 목차 |

01. 문태준의 「옮겨가는 초원」   16
02. 배한봉의 「육탁」   24
03. 류시화의 「그대가 곁에 있어도 나는 그대가 그립다」 31
04. 신석정의 「약속」   36
05. 문병란의 「인연서설」   44
06. 정윤천의 「십만 년의 사랑」   55
07. 김상옥의 「봉선화」〈시조〉   73
08. 조지훈의 「사모」   87
09. 이생진의 「그리운 바다 성산포」   115
10. 박규리의 「치자꽃 설화」   139
11. 정호승의 「연어」   146
12. 문병란의 「희망가」   155
13. 박경리의 「옛날의 그 집」   166
14. 조지훈의 「石 門」   177
15. 나희덕의 「못 위의 잠」   187
16. 유안진의 「자화상」   197
17. 황봉학의 「백두산에 올라」〈시조〉   212
18. 김현태의 「인연이라는 것에 대하여」   222
19. 이근배의 「겨울행」   236
20. 문정희의 「곡비(哭婢)」   245
21. 심순덕의 「엄마는 그래도 되는 줄 알았습니다」 253
22. 유치환의 「초상집」   263

01 문태준의 「옮겨가는 초원」

옮겨가는 초원 / 문태준

그대와 나 사이 초원이나 하나 펼쳐놓았으면 한다
그대는 그대의 양떼를 치고, 나는 나의 야크를 치고 살았으면 한다
살아가는 것이 양떼와 야크를 치느라 옮겨다니는 허름한 천막임을 알겠으니
그대는 그대의 양떼를 위해 새로운 풀밭을 찾아 천막을 옮기고
나는 나의 야크를 위해 새로운 풀밭을 찾아 천막을 옮기자
오후 세시 지금 이곳을 지나가는 구름 그림자나 되어서
그대와 나도 구름 그림자 같은 천막이나 옮겨가며 살자
그대의 천막은 나의 천막으로부터 지평선 너머에 있고
나의 천막은 그대의 천막으로부터 지평선 너머에 두고 살자
서로가 초원 양편으로 멀찍멀찍이 물러나 외면할 듯이 살자
멀고 먼 그대의 천막에서 아스라이 저녁연기가 피어오르면
나도 그때는 그대의 저녁을 마주 대하고 나의 저녁밥을 지을 것이니
그립고 그리운 날에 내가 그대를 부르고 부르더라도

막막한 초원에 천둥이 구르고 굴러

내가 그대를 길게 호명하는 목소리를 그대는 듣지 못하여도 좋다

그대와 나 사이 옮겨가는 초원이나 하나 펼쳐놓았으면 한다

- 문태준의 시집 『먼 곳』 창비 (창비시선 343), 2012. 2. 56~57쪽.

원본 또는 정본 확인과정

문태준 시집 『먼 곳』을 구입하여 원본을 확보하였다.

참고본 또는 이본

참고본 또는 이본이 없다.

시인소개

문태준 시인, 방송PD

출생 : 1970년, 경북 김천시

소속 : 불교방송프로듀서

학력 : 고려대학교 국문학과 졸업

데뷔 : 1994년 문예중앙 등단

경력 : 불교방송 프로듀서

수상 : 2019.05. 제31회 정지용문학상

시의 이해

　시는 실존의 무대를 배경으로 하는 경우가 대부분이지만 상상의 무대나 시공을 초월하여 써지기도 한다. 우리가 사는 이 공간은 어쩌면 시공을 초월한 '초원'이기도 하다. '초원'이라는 이름에서 떠오르는 영상은 '자유'이다. 어느 누구의 간섭도 받지 않고 살아갈 수 있는 공간이다. 마치 몽골의 광막한 초원을 연상시키는 이 시는 '그대와 나'를 지칭하여 이 시대를 살아가는 모든 사람을 지칭하기도 한다. 서로 관심과 사랑을 가지고 살지만 서로의 자유를 존중해주는 '초원'에서의 삶을 통하여 어쩌면 인간이 가지고 있는 사악한 욕망을 뿌리째 부정하고 싶은지도 모르겠다. '그대는 그대의 양떼를 치고, 나는 나의 야크를 치고 살았으면 한다'라는 대목에서는 '그대의 양떼' '나의 야크'는 요즈음 세태에서 서로를 자기 기준에 맞추어 자기와 닮기를 바라는 것이 아니라 서로의 가진 것, 생활의 방식을 존중해주는 초원의 삶의 방식을 제시해 주고 있다. 사랑은 무한대의 관용을 요구한다. '옮겨가는 초원'은 '그대'에게 무한한 자유를 주는 은유이기도 하다. 초원처럼 넓은 사랑이라면 서로의 거리가 아무리 멀리 떨어져 있어도 서로를 느끼고 믿을 수 있는 힘이 된다. '서로가 초원 양편으로 멀찍멀찍이 물러나 외면할 듯이 살자'는 역설로서 읽는 것이 좋다. 그만큼 가까이 있지 않고 외면할 듯이 살아도 '멀고 먼 그대의 천막에서 아스라이 저녁연기가 피어오르면' '나도 그때는 그대의 저녁을 마주 대하고 나의 저녁밥을 지을 것이니'에서 서로가 부르는 소리를 듣지 못하는 멀고 먼 초원을 사이에 두고 있는 사이일지라도 그대가 '저녁 짓는 연기'를 피우는 것을 보고 나도 저녁을 짓겠다는 것은 얼마만큼 그대를 걱정하는 지고지순한 사랑일까?

발음 연구
옮기고 : 옴끼고(X), 옴기고(O).
제24항 어간 받침 "ㄴ(ㄵ), ㅁ(ㄻ)" 뒤에 결합되는 어미의 첫소리 "ㄱ, ㄷ, ㅅ, ㅈ"은 된소리로 발음한다.

다만, 피동, 사동의 접미사 "-기-"는 된소리로 발음하지 않는다.
안기다 감기다 굶기다 옮기다

멀찍멀찍이 : 멀찡멀찌기
제18항 받침 "ㄱ(ㄲ, ㅋ, ㄳ, ㄺ), ㄷ(ㅅ, ㅆ,d ㅈ, ㅊ, ㅌ, ㅎ), ㅂ(ㅍ, ㄼ, ㄿ, ㅄ)"은 "ㄴ, ㅁ" 앞에서 [ㅇ, ㄴ, ㅁ]으로 발음한다.

지을 : 어원 '짓:다'는 장음이지만 활용형 '지을'은 단음으로 발음한다.

장단음 연구
⟨장음⟩
알:겠으니, 오:후 세:시, 그:림자나, 살:자, 양:편으로, 외:면할, 멀:고 먼:, 대:하고, 길:게, 못:하여도 좋:다,
⟨단음⟩
허름한,

된소리, 거센소리, 예사소리

〈된소리=경음화〉

있고-잇꼬, 외면할 듯이-외:면할 드시(뜨시), 저녁밥을-저녁빠블, 것이니-거시니(꺼시니), 그립고-그립꼬, 목소리를-목쏘리를, 듣지-듣찌.

〈거센소리=격음화〉

막막한-망마칸, 못하여도-모:타여도, 좋다-조:타.

조사 '의'의 발음

이 시에는 모두 11개의 조사 '의'가 등장하지만 '나의' 또는 '그대의' 등 모두 주어에 한한다. '의' 발음이 어려운 분들은 '에'로 발음하여도 무방하다.

띄어읽기와 끊어읽기

살아가는 것이/ 양떼와 야크를 치느라 옮겨다니는/ 허름한 천막임을 알겠으니

중요 낱말 및 시어 시구 풀이

이해 못할 정도의 시어나 시구가 없다.

낭송의 실제

옮겨가는 초원 / 문태준

- 옴겨가는 초원 / 시 문태준. 낭 : 송 ○○○.

그대와 나 사이 초원이나 하나 펼쳐놓았으면 한다
- 그대와 나 사이 초워니나 하나 펼처노아쓰면 한다
그대는 그대의 양떼를 치고, 나는 나의 야크를 치고 살았으면 한다
- 그대는 그대의(에) 양떼를 치고, 나는 나의(에) 야크를 치고 사라쓰면 한다
살아가는 것이 양떼와 야크를 치느라 옮겨다니는 허름한 천막임을 알겠으니
- 사라가는 거시 양떼와 야크를 치느라 옴겨다니는 허름한 천마기을 알 : 게쓰니
그대는 그대의 양떼를 위해 새로운 풀밭을 찾아 천막을 옮기고
- 그대는 그대의(에) 양떼를 위해 새로운 풀바틀 차자 천마글 옴기고
나는 나의 야크를 위해 새로운 풀밭을 찾아 천막을 옮기자
- 나는 나의(에) 야크를 위해 새로운 풀바틀 차자 천마글 옴기자
오후 세시 지금 이곳을 지나가는 구름 그림자나 되어서
- 오 : 후 세 : 시 지금 이고슬 지나가는 구름 그 : 림자나 되어서
그대와 나도 구름 그림자 같은 천막이나 옮겨가며 살자

- 그대와 나도 구름 그ː림자 가튼 천마기나 옴겨가며 살ː자

그대의 천막은 나의 천막으로부터 지평선 너머에 있고

- 그대의(에) 천마근 나의(에) 천마그로부터 지평선 너머에 읻꼬

나의 천막은 그대의 천막으로부터 지평선 너머에 두고 살자

- 나의(에) 천마근 그대의(에) 천마그로부터 지평선 너머에 두고 살ː자

서로가 초원 양편으로 멀찍멀찍이 물러나 외면할 듯이 살자

- 서로가 초원 양ː펴느로 멀찡멀찌기 물러나 외ː면할 드시(뜨시) 살ː자

멀고 먼 그대의 천막에서 아스라이 저녁연기가 피어오르면

- 멀ː고 먼ː 그대의(에) 천마게서 아스라이 저녕년기가 피어오르면

나도 그때는 그대의 저녁을 마주 대하고 나의 저녁밥을 지을 것이니

- 나도 그때는 그대의(에) 저녀글 마주 대ː하고 나의(에) 저녁빠블 지을 거시니(꺼시니)

그립고 그리운 날에 내가 그대를 부르고 부르더라도

- 그립꼬 그리운 나레 내가 그대를 부르고 부르더라도

막막한 초원에 천둥이 구르고 굴러

- 망마칸 초워네 천둥이 구르고 굴러

내가 그대를 길게 호명하는 목소리를 그대는 듣지 못하여도 좋다

- 내가 그대를 길ː게 호명하는 목쏘리를 그대는 듣찌 모ː타여도 조ː타

그대와 나 사이 옮겨가는 초원이나 하나 펼쳐놓았으면 한다
- 그대와 나 사이 옴겨가는 초워니나 하나 펼처노아쓰면 한다

02 배한봉의 「육탁」

육탁肉鐸 / 배한봉

새벽 어판장 어선에서 막 쏟아낸 고기들이 파닥파닥 바닥을 치고 있다
육탁肉鐸 같다
더 이상 칠 것 없어도 결코 치고 싶지 않은 생의 바닥
생애에서 제일 센 힘은 바닥을 칠 때 나온다
나도 한때 바닥을 친 뒤 바닥보다 더 깊고 어둔 바닥을 만난 적이 있다
육탁을 치는 힘으로 살지 못했다는 것을 바닥 치면서 알았다
도다리 광어 우럭들도 바다가 다 제 세상이었던 때 있었을 것이다
내가 무덤 속 같은 검은 비닐봉지의 입을 열자
고기 눈 속으로 어판장 알전구 빛이 심해처럼 캄캄하게 스며들었다
아직도 바다 냄새 싱싱한,
공포 앞에서도 아니 죽어서도 닫을 수 없는 작고 둥근 창문
늘 열려 있어서 눈물 고일 시간도 없었으리라
고이지 못한 그 시간들이 염분을 풀어 바닷물을 저토록 짜게 만들었으리라

누군가를 오래 기다린 사람의 집 창문도 저렇게 늘 열려서 불빛을 흘릴 것이다

지하도에서 역 대합실에서 칠 바닥도 없이 하얗게 소금에 절이는 악몽을 꾸다 잠깬

그의 작고 둥근 창문도 소금보다 눈부신 그 불빛 그리워할 것이다

집에 도착하면 캄캄한 방문을 열고

나보다 손에 들린 검은 비닐봉지부터 마중할 새끼들 같은, 새끼들 눈빛 같은

- 출처 : 2011년 제26회 소월시문학상 작품집. 문학사상.
　　　 2011. 8. 25. 60~61쪽.

원본 또는 정본 확인과정

현직 시인이라 시집에서 원본을 확보한 후 시인과 통화하여 원본의 의문점들을 직접 설명을 듣고 정리하였다.

참고본 또는 이본

참고본 및 이본은 생략한다.

시인소개

배한봉 시인

출생 : 1962년, 경남 함안군
데뷔 : 1998년 동인지 '현대시' 등단
경력 : 월간 '미하연', 격월간 '문화사회' 편집장
수상 : 2017.09. 제22회 김달진문학제 김달진창원문학상

시의 이해

 이 시는 어려운 삶을 영위하다 보면 바다에서 잡혀 온 물고기가 마지막 사력을 다해 땅을 치면서 도망치려고 하는 그 힘으로 삶을 살아야 한다는 절박한 심정을 '육탁'이라는 시어를 통해 말하고 있다.

발음 연구

검은 : 어원 '검:다'는 장음이지만 활용형 '검은'은 단음으로 발음한다.

장단음 연구

〈장음〉
없:어도, 제:일, 센:, 뒤:, 살:지, 못:했다는, 광:어, 다:, 세:상이었던, 속:, 열:자, 속:으로, 심:해처럼, 냄:새, 공:포, 없:는, 작:고, 도:착하면, 없:었으리라, 못:한, 사:람의, 대:합실에서, 없:이, 하:얗게, 열:고.

된소리, 거센소리, 예사소리

〈된소리=경음화〉
있다-읻따, 같다-갇따, 것-걷(껃), 없어도-업ː써도, 싶지-십찌, 깊고-

깁꼬, 못했다는-모ː땓따는, 알았다-아랃따, 우럭들도-우럭뜰도, 세상이었던-세ː상이얻떤, 스며들었다-스며드럳따, 아직도-아직또, 닿을 수-다들 수(쑤), 작고-작ː꼬, 없었으리라-업ː써쓰리라, 불빛을-불삐츨, 것이다-거시다(꺼시다), 대합실에서-대ː합씨레서, 바닥도-바닥또, 없이-업ː씨, 불빛-불삗. 눈빛-눈삗.

〈거센소리=격음화〉

못했다는-모ː탣따는, 못한-모ː탄, 저렇게-저러케, 하얗게-하ː야케, 도착하면-도ː차카면,

조사 '의'의 발음

이 시에는 다음과 같이 조사 '의'가 등장한다.
 '생의 바닥'
 '비닐봉지의 입을 열자'
 '사람의 집 창문도'
 '그의 작고 둥근 창문'
모두 '에'로 발음하여도 시의 내용에 변함은 없으나 꾸준히 '의'로 발음하는 연습을 하자.

띄어읽기와 끊어읽기

새벽 어판장/ 어선에서 막 쏟아낸 고기들이/ 파닥파닥 바닥을 치고 있다

중요 낱말 및 시어 시구 풀이

육탁 : 사전에 없는 말로써 시인이 만들어낸 조어(시어)이다. 잡혀 온 물고기가 바닥에서 사력을 다해 파닥거리는 것을 말한다.

낭송의 실제

육탁(肉鐸) / 배한봉

- 육탁 / 시 배한봉. 낭：송 ○○○.

새벽 어판장 어선에서 막 쏟아낸 고기들이 파닥파닥 바닥을 치고 있다
 -새벽 어판장 어서네서 막 쏘다낸 고기드리 파닥파닥 바다글 치고 읻따

육탁(肉鐸) 같다
 - 육탁 같따

더 이상 칠 것 없어도 결코 치고 싶지 않은 생의 바닥
 - 더 이상 칠 걷(껃) 업：써도 결코 치고 십찌 아는 생의(에) 바닥

생애에서 제일 센 힘은 바닥을 칠 때 나온다
 - 생애에서 제：일 센： 히믄 바다글 칠 때 나온다

나도 한때 바닥을 친 뒤 바닥보다 더 깊고 어둔 바닥을 만난 적이 있다
 - 나도 한때 바다글 친 뒤： 바닥보다 더 깁꼬 어둔 바다글 만난 저기 읻따

육탁을 치는 힘으로 살지 못했다는 것을 바닥 치면서 알았다

− 육타글 치는 히므로 살ː지 모ː탣따는 거슬 바닥 치면서 아랃따

도다리 광어 우럭들도 바다가 다 제 세상이었던 때 있었을 것이다

− 도다리 광ː어 우럭뜰도 바다가 다ː 제 세ː상이얻떤 때 이써쓸 거시다(꺼시다)

내가 무덤 속 같은 검은 비닐봉지의 입을 열자

− 내가 무덤 속ː 가튼 거믄 비닐봉지의(에) 이블 열ː자

고기 눈 속으로 어판장 알전구 빛이 심해처럼 캄캄하게 스며들었다

− 고기 눈 소ː그로 어판장 알전구 비치 심ː해처럼 캄캄하게 스며드럳따

아직도 바다 냄새 싱싱한,

− 아직또 바다 냄ː새 싱싱한,

공포 앞에서도 아니 죽어서도 닫을 수 없는 작고 둥근 창문

− 공ː포 아페서도 아니 주거서도 다들 수(쑤) 엄ː는 작ː꼬 둥근 창문

늘 열려 있어서 눈물 고일 시간도 없었으리라

− 늘 열려 이써서 눈물 고일 시간도 업ː써쓰리라

고이지 못한 그 시간들이 염분을 풀어 바닷물을 저토록 짜게 만들었으리라

− 고이지 모ː탄 그 시간드리 염부늘 푸러 바단무를 저토록 짜게 만드러쓰리라

누군가를 오래 기다린 사람의 집 창문도 저렇게 늘 열려서 불빛을 흘

릴 것이다

  - 누군가를 오래 기다린 사:라믜(메) 집 창문도 저러케 늘 열려서 불삐츨 흘릴 거시다(꺼시다)

  지하도에서 역 대합실에서 칠 바닥도 없이 하얗게 소금에 절이는 악몽을 꾸다 잠깬

  - 지하도에서 역 대:합씨레서 칠 바닥또 업:씨 하:야케 소그메 저리는 앙몽을 꾸다 잠깬

  그의 작고 둥근 창문도 소금보다 눈부신 그 불빛 그리워할 것이다

  - 그의(에) 작:꼬 둥근 창문도 소금보다 눈부신 그 불삗 그리워할 거시다(꺼시다)

  집에 도착하면 캄캄한 방문을 열고

  - 지베 도:차카면 캄캄한 방무늘 열:고

  나보다 손에 들린 검은 비닐봉지부터 마중할 새끼들 같은, 새끼들 눈빛 같은

  - 나보다 소네 들린 거믄 비닐봉지부터 마중할 새끼들 가튼, 새끼들 눈삗 가튼

03 류시화의
「그대가 곁에 있어도 나는 그대가 그립다」

그대가 곁에 있어도 나는 그대가 그립다 / 류시화

물 속에는
물만 있는 것이 아니다
하늘에는
그 하늘만 있는 것이 아니다
그리고 내 안에는
나만이 있는 것이 아니다

내 안에 있는 이여
내 안에서 나를 흔드는 이여
물처럼 하늘처럼 내 깊은 곳 흘러서
은밀한 내 꿈과 만나는 이여
그대가 곁에 있어도
나는 그대가 그립다

- 류시화 시집 『그대가 곁에 있어도 나는 그대가 그립다』 2009. 푸른숲. 14쪽.

원본 또는 정본 확인과정

류시화 시집 『그대가 곁에 있어도 나는 그대가 그립다』에서 원본 발췌.

참고본 또는 이본

'참고본 또는 이본' 생략.

시인소개

류시화 시인

출생 : 1959년 충북 옥천군.

학력 : 경희대학교 국어국문학과 졸업.

데뷔 : 1980년 한국일보 신춘문예 시부문 「아침」 당선.

경력 : 1980.~1982. 시운동 동인.

저서 : 산문집『삶이 나에게 가르쳐 준 것들』시집『외눈박이 물고기의 사랑』『지금 알고 있는 걸 그때도 알았더라면』『그대가 곁에 있어도 나는 그대가 그립다』.

수상 : 2012. 제25회 경희문학상.

시의 이해

그리움을 이렇게 간단하게 표현할 수 있을까?

얼마나 애절하게 그리우면 '나는 그대가 곁에 있어도 그대가 그리울까?

장단음 연구

〈장음〉

속ː에서

된소리, 거센소리, 예사소리

〈된소리=경음화〉

그립다-그립따,

〈거센소리=격음화〉

'거센소리'로 변환되는 문구가 하나도 없다.

조사 '의'의 발음

조사 '의'가 하나도 없다.

띄어읽기와 끊어읽기

짤막한 시행으로 이루어져 있어서 특별히 유의할 부분이 없다.

중요 낱말 및 시어 시구 풀이

이해하기 어려운 문장이나 시어나 시구가 없다.

낭송의 실제

그대가 곁에 있어도 나는 그대가 그립다 / 류시화
- 그대가 겨테 이써도 나는 그대가 그립따 / 시 류시화. 낭:송 ○○○.

물 속에는
- 물 소:게는(물쏘게는)

물만 있는 것이 아니다
- 물만 인는 거시 아니다

하늘에는
- 하느레는

그 하늘만 있는 것이 아니다
- 그 하늘만 인는 거시 아니다

그리고 내 안에는
- 그리고 내 아네는

나만이 있는 것이 아니다
- 나마니 인는 거시 아니다

내 안에 있는 이여
- 내 아네 인는 이여

내 안에서 나를 흔드는 이여
- 내 아네서 나를 흔드는 이여

물처럼 하늘처럼 내 깊은 곳 흘러서

- 물처럼 하늘처럼 내 기픈 곧 흘러서

은밀한 내 꿈과 만나는 이여

- 은밀한 내 꿈과 만나는 이여

그대가 곁에 있어도

- 그대가 겨테 이써도

나는 그대가 그립다

- 나는 그대가 그립따

04 신석정의 「약속」

약속 / 신석정

오는 날의 잉태孕胎 와 탄생誕生

미친개처럼 사뭇 주둥이를 땅에 처박고 불안한 안개가 자욱이 흘러가는 골짜구니에도 꽃들은 피어서 솔깃이 향내가 들려오고 있는 것이다.

저 백합白合 꽃을 보아라.
저 석죽石竹 꽃을 보아라.
저 용담龍膽 꽃을 보아라.

너는 네 모든 꿈과 생시가 자주 드나드는 그 조용한 네 창변에서 저 꽃들을 꼬옥 포옹하고 싶은 그러한 뜨거운 생각을 해본 적은 없느냐?

아무리 쩌눌리고 아무리 가난한 마음이 시방 저 낡은 지구의 골짜구니를 휩쓸고 있건만, 초목은 아직도 무성히 자라나는 힘을 지니고 있는 것이다.

>

    밤에는 합환목合歡木 도 이파리를 서로 아무리고 아침을 준비하는 것이라거나 눈도 없는 백화등白花藤 이나 콩 넌출 같은 것들이 손을 뻗쳐 바위 언저리나 나무 가장귀를 휘어잡고 칭칭 감고 올라가는 것을 너는 보았으리라.

    시방도 전쟁이 남기고 간 그 피비린내 나는 역사의 푸른 생채기가 가시지 않는 골짜구니에는 찌눌리고 또 일어서는 것들의 가늠할 수 없는 교향악이 드높은데 우리들의 귀한 방문객 벌 나비들을 위하여 고운 빛깔과 진한 향기와 극히 소량의 꿀을 준비하고 오늘도 꽃들은 그들의 성대한 웃음을 아끼지 않는다.

    저 벌들의 잉잉대는 소리를 들어 보아라. 그리고 가녀린 어린 나비들의 노랫소리를 들어 보아라.

    이들의 실내악 속에는 오는 날의 막아낼 수 없는 잉태 같은 것 또는 탄생 같은 것이 약속되었느니라.

- 『신석정 전집2』 국학자료원, 초판1쇄 2009년 4월 10일. 340~341쪽.

원본 또는 정본 확인과정
『신석정 전집2』에서 원본 발췌.

참고본 또는 이본
참고본 및 이본은 생략한다.

시인소개
신석정 시인

　1907년 전라북도 부안군 동도면(현 부안읍) 동중리에서 간재艮齋 전우의 문인인 신기온辛基溫과 이윤옥李允玉 사이의 3남 2녀 중 차남으로 태어났다. 동국대학교 국어국문학과를 졸업했다. 1973년 '전라북도 문학상' 심사 도중에 쓰러져 치료를 받다가 1974년 7월 사망했다. 향년 66세.

발음 연구
표준 발음법에 의하여 발음을 한다면 큰 문제가 없다.

장단음 연구
〈장음〉

잉:태, 탄:생, 안:개가, 모:든, 포:옹하고, 해:본, 없:느냐, 아:무리, 무:성히, 준:비하는, 없:는, 전:쟁이, 귀:한, 방:문객, 벌:, 고:운, 소:량의, 준:비하고, 성:대한, 벌:들의, 속:에는.

된소리, 거센소리, 예사소리

⟨된소리=경음화⟩

약속-약쏙, 처박고-처박꼬, 꽃들은-꼳뜨른, 석죽꽃을-석쭉꼬츨, 있건만-읻껀만, 아직도-아직또, 합환목도-하판목또, 것들이-걷뜨리, 휘어잡고-휘어잡꼬, 감고-감ː꼬, 역사의-역싸의(에), 것들의-걷뜨리(레), 가늠할 수-가늠할 수(쑤), 꽃들은-꼳뜨른, 노랫소리를-노래쏘리를, 막아낼 수-마가낼 수(쑤), 약속되었느라-약쏙되언느니라.

⟨거센소리=격음화⟩

백합꽃을-배캅꼬츨, 합환목도-하판목또, 백화등이나-배콰등이나, 극히-그키.

조사 '의'의 발음

　　저 낡은 지구의 골짜구니를 휩쓸고
　　피비린내 나는 역사의 푸른 생채기가
　　일어서는 것들의 가늠할 수 없는 교향악이 드높은데
　　우리들의 귀한 방문객 벌 나비들을 위하여
　　꽃들은 그들의 성대한 웃음을 아끼지 않는다
　　저 벌들의 잉잉대는 소리를 들어 보아라
　　가녀린 어린 나비들의 노랫소리를 들어 보아라
　　이들의 실내악 속에는 오는 날의 막아낼 수 없는 잉태 같은 것

조사 '의'가 많이 나오는 시다. '의'로 발음할 곳이 많으니 참고 바란다.

띄어읽기와 끊어읽기
시가 산문형식으로 되어 있어 시행이 길다. 율행으로 띄어읽기를 할 때 시의 의미와 이미지가 손상되지 않도록 유의하여야 한다.

중요 낱말 및 시어 시구 풀이
시어에 비표준어와 사투리(방언) 등이 섞여 있다. 그러나 시를 이해하는 데는 전혀 무리가 없다.

낭송의 실제

약속 / 신석정
- 약쏙

오는 날의 잉태孕胎와 탄생誕生
- 오는 나리(레) 잉:태와 탄:생 / 시 신석정. 낭:송 ○○○.

  미친개처럼 사뭇 주둥이를 땅에 처박고 불안한 안개가 자욱이 흘러가는 골짜구니에도 꽃들은 피어서 솔깃이 향내가 들려오고 있는 것이다.
  - 미친개처럼 사문 주둥이를 땅에 처박꼬 부란한 안:개가 자우기 흘러가는 골짜구니에도 꼳뜨른 피어서 솔기시 향내가 들려오고 인는 거시다.

  저 백합白合꽃을 보아라.

- 저 배캅꼬츨 보아라.

저 석죽石竹꽃을 보아라.

- 저 석쭉꼬츨 보아라.

저 용담龍膽꽃을 보아라.

- 저 용담꼬츨 보아라.

너는 네 모든 꿈과 생시가 자주 드나드는 그 조용한 네 창변에서 저 꽃들을 꼬옥 포옹하고 싶은 그러한 뜨거운 생각을 해본 적은 없느냐?

- 너는 네 모:든 꿈과 생시가 자주 드나드는 그 조용한 네 창벼네서 저 꼳뜨를 꼬옥 포:옹하고 시픈 그러한 뜨거운 생가글 해:본 저근 엄:느냐?

아무리 쩌눌리고 아무리 가난한 마음이 시방 저 낡은 지구의 골짜구니를 휩쓸고 있건만, 초목은 아직도 무성히 자라나는 힘을 지니고 있는 것이다.

- 아:무리 쩌눌리고 아:무리 가난한 마으미 시방 저 날근 지구의 골짜구니를 휩쓸고 읻껀만, 초모근 아직또 무:성히 자라나는 히믈 지니고 인는 거시다.

밤에는 합환목合歡木도 이파리를 서로 아무리고 아침을 준비하는 것이라거나 눈도 없는 백화등白花藤이나 콩 넌출 같은 것들이 손을 뻗쳐 바위 언저리나 나무 가장귀를 휘어잡고 칭칭 감고 올라가는 것을 너는 보았으리라.

- 바메는 하푠목또 이파리를 서로 아무리고 아치믈 준:비하는 거시라거나 눈도 엄:는 배콰등이나 콩 넌출 가튼 걷뜨리 소늘 뻗처 바위 언저리나 나무 가장귀를 휘어잡꼬 칭칭 감:꼬 올라가는 거슬 너는 보아쓰리라.

시방도 전쟁이 남기고 간 그 피비린내 나는 역사의 푸른 생채기가 가시지 않는 골짜구니에는 쩌눌리고 또 일어서는 것들의 가늠할 수 없는 교향악이 드높은데 우리들의 귀한 방문객 벌 나비들을 위하여 고운 빛깔과 진한 향기와 극히 소량의 꿀을 준비하고 오늘도 꽃들은 그들의 성대한 웃음을 아끼지 않는다.

- 시방도 전:쟁이 남기고 간 그 피비린내 나는 역싸의(에) 푸른 생채기가 가시지 안는 골짜구니에는 쩌눌리고 또 이러서는 걷뜨리(레) 가늠할 수(쑤) 엄:는 교향아기 드노픈데 우리드리(레) 귀:한 방:문객 벌: 나비드를 위하여 고:운 빋깔과 진한 향기와 그키 소:량의 꾸를 준:비하고 오늘도 꼳뜨른 그드리(레) 성:대한 우스믈 아끼지 안는다.

저 벌들의 잉잉대는 소리를 들어 보아라. 그리고 가녀린 어린 나비들의 노랫소리를 들어 보아라.

- 저 벌:드리(레) 잉잉대는 소리를 드러 보아라. 그리고 가녀린 어린 나비드리(레) 노래쏘리를 드러 보아라.

〉

    이들의 실내악 속에는 오는 날의 막아낼 수 없는 잉태 같은 것 또는 탄생 같은 것이 약속되었느니라.

    – 이드릐(레) 실래악 소ː게는 오는 나릐(레) 마가낼 수(쑤) 엄ː는 잉ː태 가튼 걷 또는 탄ː생 가튼 거시 약쏙되언느니라.

05 문병란의 「인연서설」

인연서설 / 문병란

꽃이 꽃을 향하여 피어나듯이
사람과 사람이 서로 사랑하는 것은
그렇게 묵묵히 서로를 바라보는 일이다.

물을 찾는 뿌리를 안으로 감춘 채
원망과 그리움을 불길로 건네며
너는 나의 애달픈 꽃이 되고
나는 너의 서러운 꽃이 된다.

사랑은
저만치 피어 있는 한 송이 풀꽃
이 애틋한 몸짓
서로의 빛깔과 냄새를 나누어 가지며
사랑은 가진 것 하나씩 잃어 가는 일이다.

〉
각기 다른 인연의 한 끝에 서서
눈물에 젖은 정한 눈빛 하늘거리며
바람결에도 곱게 무늬 지는 가슴
사랑은 서로의 눈물 속에 젖어가는 일이다.

오가는 인생길에 애틋이 피어났던
너와 나의 애달픈 연분도
가시덤불 찔레꽃으로 어우러지고
다하지 못한 그리움
사랑은 하나가 되려나
마침내 부서진 가슴 핏빛 노을로 타오르나니

이 밤도 파도는 밀려와
잠 못 드는 바닷가에 모래알로 부서지고
사랑은 서로의 가슴에 가서 고이 죽어 가는 일이다.

- 문병란 시선집 『장난감이 없는 아이들』(인간과 문화사, 2015. 4. 2.) 16~17쪽.

두 명의 교송시 행별 나눔의 예
A. 인연서설 / 시 : 문병란

B. 낭송 : ○○○, A. ○○○.

A. 꽃이 꽃을 향하여 피어나듯이
　 사람과 사람이 서로 사랑하는 것은
　 그렇게 묵묵히 서로를 바라보는 일이다.

B. 물을 찾는 뿌리를 안으로 감춘 채
　 원망과 그리움을 불길로 건네며
A. 너는 나의 애달픈 꽃이 되고
B. 나는 너의 서러운 꽃이 된다.

A. 사랑은
　 저만치 피어 있는 한 송이 풀꽃
　 이 애틋한 몸짓
　 서로의 빛깔과 냄새를 나누어 가지며
　 사랑은 가진 것 하나씩 잃어 가는 일이다.

B. 각기 다른 인연의 한 끝에 서서
　 눈물에 젖은 정한 눈빛 하늘거리며
　 바람결에도 곱게 무늬 지는 가슴
　 사랑은 서로의 눈물 속에 젖어가는 일이다.

A. 오가는 인생길에 애틋이 피어났던

B. 너와 나의 애달픈 연분도

A. 가시덤불 찔레꽃으로 어우러지고,

B. 다하지 못한 그리움

A. B. 사랑은 하나가 되려나

A. B. 마침내 부서진 가슴 핏빛 노을로 타오르나니

A. 이 밤도 파도는 밀려와

B. 잠 못 드는 바닷가에 모래알로 부서지고

A. B. 사랑은 서로의 가슴에 가서 고이 죽어 가는 일이다.

연출노트

A와 B가 무대 양쪽에서 서로를 보며 서 있다.

제목과 시인의 이름을 A가 한다.

낭송가의 이름을 B와 A가 번갈아 (본인의 이름) 밝힌다.

1연의 시를 A가 낭송을 하며 B를 바라본다.

2연을 번갈아 한다.

A. '너는 나의 애달픈 꽃이 되고' (상대를 향하여 제스처를 한다)

B. '나는 너의 서러운 꽃이 된다' (상대를 향하여 제스처를 한다)

A가 3연을 청중을 보며 낭송한다. ('저만치 피어 있는 한 송이 풀꽃'은 하늘을 향해 손을 들어 표현한다)

B가 4연을 청중을 향하여 낭송한다.

5연을 서로를 향하여 걸어가면서 낭송한다.

A. B. '사랑은 하나가 되려나' '마침내 부서진 가슴 핏빛 노을로 타오르나니' '5연의 5행과 6행을 합송으로 하며 서로 손을 마주 잡는다.

6연의 1행과 2행을 청중을 향하여 낭송하고, 다시 마주보고 서서 3행을 낭송하고, 천천히 청중을 향하여 돌아선 후 한 발 뒤로 물러나 인사를 한다.

원본 또는 정본 확인과정
문병란 시인의 시선집 『장난감이 없는 아이들』에서 발췌함.

참고본 또는 이본
비교해야 할 이본은 생략한다.

시인소개
문병란 시인

출생 : 1935년, 전남 화순군

경력 : 조선대 인문과학대 국어국문학과 교수, 민주교육실천협의회 국민운동본부 대표

저서 : 『인연서설』『시와 삶의 오솔길』『금요일의 노래』『법성포 여자』

수상 : 박인환시문학상, 평화문학상, 한림문학상, 요산문학상.

시의 이해
인연이란 어떤 것이어야 하는 것을 서설로 제시하고 있다.

발음 연구
묵묵히 – 뭉무키 muŋmukʰi (18항, 12항)

장단음 연구
〈장음〉
향:하여, 사:람과, 사:람이, 일:이다, 원:망과, 건:네며, 서:러운, 냄:새를, 곱:게, 속:에, 다:하지, 못:한, 못:, 고:이.

〈단음〉
정淨한 눈빛 – 단음이다.
– 정淨하다 : 맑고 깨끗하다.
정定 : 한 – 정:하다. 1. 여럿 가운데 선택하거나 판단하여 결정하다. 2. 규칙이나 법 따위의 적용 범위를 결정하다.

된소리, 거센소리, 예사소리
〈된소리〉
불길로-불낄로, 몸짓-몸찓, 각기-각끼, 눈빛-눈삗, 바람결에도-바람껴레도, 곱게-곱:께, 인생길에-인생끼레, 피어났던-피어낟떤, 핏빛-피삗, 바닷가에-바다까에.

〈거센소리〉
그렇게-그러케, 묵묵히-뭉무키, 애틋한-애트탄, 못한-모:탄.

띄어 읽기 중요 부분

너는 / 나의 애달픈 꽃이 되고
나는 / 너의 서러운 꽃이 된다(○)
너는 나의 / 애달픈 꽃이 되고
나는 너의 / 서러운 꽃이 된다(×)

사랑은 /
저만치 / 피어 있는 한 송이 풀꽃(○)

사랑은
저만치 피어 있는 / 한 송이 풀꽃(×)

서로의 빛깔과 냄새를 / 나누어 가지며(○)
서로의 빛깔과 / 냄새를 나누어 가지며(×)

그렇게 / 묵묵히 서로를 바라보는 일이다(○)
그렇게 묵묵히 / 서로를 바라보는 일이다(×)

각기 / 다른 인연의 한 끝에 서서(○)
각기 다른 / 인연의 한 끝에 서서(×)

중요 낱말 및 시어 시구 풀이

서설敍說 : 차례를 따라 차근차근 설명함

조사 '의'의 발음

이 시에는 '인연의 한 끝에', '서로의 눈물 속에', '서로의 가슴에'와 같이 '의'와 '에'가 연달아 나오는 곳이 세 군데 있다.

이 경우는 조사 '의'는 '에'로 발음함도 허용한다고 하더라도 앞의 '의'는 '원표기음가' 그대로 '의'로 발음하는 것이 바람직하다.

낭송의 실제

인연서설 / 문병란

- 이년서설 / 시 문병란. 낭:송 ○○○.

꽃이 꽃을 향하여 피어나듯이
- 꼬치 꼬츨 향:하여 피어나드시

사람과 사람이 서로 사랑하는 것은
- 사:람과 사:라미 서로 사랑하는 거슨

그렇게 묵묵히 서로를 바라보는 일이다.
- 그러케 뭉무키 서로를 바라보는 이:리다.

물을 찾는 뿌리를 안으로 감춘 채

- 무를 찬는 뿌리를 아느로 감춘 채

원망과 그리움을 불길로 건네며
- 원:망과 그리우믈 불낄로 건:네며

너는 나의 애달픈 꽃이 되고
- 너는 나의(에) 애달픈 꼬치 되고

나는 너의 서러운 꽃이 된다.
- 나는 너의(에) 서:러운 꼬치 된다.

사랑은
- 사랑은

저만치 피어 있는 한 송이 풀꽃
- 저만치 피어 인는 한 송이 풀꼳

이 애틋한 몸짓
- 이 애트탄 몸찓

서로의 빛깔과 냄새를 나누어 가지며
- 서로의(에) 빋깔과 냄:새를 나누어 가지며

사랑은 가진 것 하나씩 잃어 가는 일이다.
- 사랑은 가진 걷 하나씩 이러 가는 이:리다.

각기 다른 인연의 한 끝에 서서
- 각끼 다른 이녀늬(네) 한 끄테 서서

눈물에 젖은 정한 눈빛 하늘거리며

눈무레 저즌 정한 눈삘 하늘거리며

바람결에도 곱게 무늬지는 가슴

- 바람껴레도 곱:께 무니지는 가슴

사랑은 서로의 눈물 속에 젖어가는 일이다.

- 사랑은 서로의(에) 눈물 소:게 저저가는 이:리다.

오가는 인생길에 애틋이 피어났던

- 오가는 인생끼레 애트시 피어낟떤

너와 나의 애달픈 연분도

- 너와 나의(에) 애달픈 연분도

가시덤불 찔레꽃으로 어우러지고,

- 가시덤불 찔레꼬츠로 어우러지고,

다하지 못한 그리움

- 다:하지 모:탄 그리움

사랑은 하나가 되려나

- 사랑은 하나가 되려나

마침내 부서진 가슴 핏빛 노을로 타오르나니

- 마침내 부서진 가슴 피삘 노을로 타오르나니

이 밤도 파도는 밀려와

- 이 밤도 파도는 밀려와

잠 못 드는 바닷가에 모래알로 부서지고

- 잠 몯ː 드는 바다까에(바닫까에) 모래알로 부서지고

사랑은 서로의 가슴에 가서 고이 죽어 가는 일이다.

- 사랑은 서로의(에) 가스메 가서 고ː이 주거 가는 이ː리다.

06 정윤천의 「십만 년의 사랑」

십만 년의 사랑 / 정윤천

1.
너에게로 닿기까지 십만 년이 걸렸다
십만 년의 해가 오르고
십만 년의 달이 이울고
십만 년의 강물이 흘러갔다

사람의 손과 머리를 빌려서는
아무래도 잘 헤아려지지 않을 지독한
고독의 시간
십만 년의 노을이 스러져야 했다

2.
어쩌면, 십만 년 전에 함께 출발했을지 모를
산정의 별빛 아래

너와 나는 이제야 도착하여 숨을 고른다

지상의 사람들이
하나둘 어두움 속으로 문을 걸어 잠그기 시작하였다

하필이면 우리는 이런 비탈진 저녁 산기슭에 이르러서야
가까스로 서로를 알아보게 되었는가
여기까지 오는 데 십만 년이 걸렸다

잠들어가는 지상의 일처럼 우리는 그만 잠기어도 된다
더이상의 빛을 따라나서야 할 모든 까닭이 사라졌다

3.
천 번쯤 나는 매미로 울다 왔고
천 번쯤 나는 뱀으로 허물을 벗고
천 번쯤 개의 발바닥으로 거리를 쏘다니기도 했으리라

한번은 소나기로 태어났다가
한번은 무지개로 저물기도 하였으리라

4.
물방울들이 모여 물결을 이루는

멀고도 반짝이는 여정을 우리는 왔다

태어난 자리에서 그대로 난다는 의미의
이름으로 불려지던 나비처럼
날고 또 날아올라서 여기까지 왔다

바다인들 거슬러오르려는 거꾸로 붙은 비늘처럼
금빛의 역린같이
너에게로 닿기까지 십만 년이 걸렸다

- 정윤천의 시집. 2011년. 『십만 년의 사랑』 문학동네. 개정판.
  〈2019년 10월 30일. 시인에게 직접 메일로 확인한 원문임〉

원본 또는 정본 확인과정

시집이 발간되고 몇 군데 수정하였으나 시중에 유통되는 시집을 구할 수 없어 시인에게 직접 전화를 드리고 메일로 원문을 받아 수록하였다.

참고본 또는 이본

십만 년의 사랑 / 정윤천

1
너에게로 닿기까지 십만 년이 걸렸다
십만 년의 해가 오르고
십만 년의 달이 이울고
십만 년의 강물이 흘러갔다

사람의 손과 머리를 빌려서는
아무래도 잘 헤아려지지 않을 지독한
고독의 시간
십만 년의 노을이 스러져야 했다

2
어쩌면, 십만 년 전에 함께 출발했을지 모를
산정의 별빛 아래
너와 나는 이제야 도착하여 숨을 고른다

지상의 사람들이
하나둘 어두움 속으로 문을 걸어 잠그기 시작하였다

〉
하필이면 우리는 이런 비탈진 저녁 산기슭에 이르러서야
가까스로 서로를 알아보게 되었는가
여기까지 오는 데 십만 년이 걸렸다

잠들어 가는 지상의 일처럼 우리는 그만 잠기어도 된다
더 이상의 빛을 따라나서야 할 모든 까닭이 사라졌다

3
천 번쯤 매미로 울다 왔고
천 번쯤 뱀으로 허물을 벗고
천 번쯤 개의 발바닥으로 거리를 쏘다니기도 했으리라

한번은 소나기로 태어났다가
한번은 무지개로 저물기도 하였으리라

4
오래고도 지극한 여정을 우리는 왔다
강물의 거친 살결들이 쉬지 않고 제 주름을 접었다가
푸른 속을, 역린逆鱗처럼 세차게 거슬러서
너에게로 닿기까지 십만 년이 걸렸다

- 『십만 년의 사랑』 정윤천 시화집. 『문학동네』 2011년 1월 15일. 초판발행.

윤송, 퍼포먼스 행 나누기 – 5명용

십만 년의 사랑 / 정윤천

1
A. 너에게로 닿기까지 십만 년이 걸렸다
　 십만 년의 해가 오르고
　 십만 년의 달이 이울고
　 십만 년의 강물이 흘러갔다

B. 사람의 손과 머리를 빌려서는
　 아무래도 잘 헤아려지지 않을 지독한
　 고독의 시간
　 십만 년의 노을이 스러져야 했다

2
C. 어쩌면, 십만 년 전에 함께 출발했을지 모를
　 산정의 별빛 아래
　 너와 나는 이제야 도착하여 숨을 고른다

지상의 사람들이
하나둘 어두움 속으로 문을 걸어 잠그기 시작하였다

D. 하필이면 우리는 이런 비탈진 저녁 산기슭에 이르러서야
가까스로 서로를 알아보게 되었는가
여기까지 오는 데 십만 년이 걸렸다

E. 잠들어가는 지상의 일처럼 우리는 그만 잠기어도 된다
더이상의 빛을 따라나서야 할 모든 까닭이 사라졌다

3
A. 천 번쯤 나는 매미로 울다 왔고
B. 천 번쯤 나는 뱀으로 허물을 벗고
C. 천 번쯤 개의 발바닥으로 거리를 쏘다니기도 했으리라

D. 한번은 소나기로 태어났다가
E. 한번은 무지개로 저물기도 하였으리라

4
A. 물방울들이 모여 물결을 이루는
멀고도 반짝이는 여정을 우리는 왔다

B. 태어난 자리에서 그대로 난다는 의미의
   이름으로 불려지던 나비처럼
   날고 또 날아올라서 여기까지 왔다

C. D. 바다인들 거슬러오르려는 거꾸로 붙은 비늘처럼
A. B. 금빛의 역린같이
E. 너에게로 닿기까지 십만 년이 걸렸다.
A. B. C. D. E. 너에게로 닿기까지 십만 년이 걸렸다. (후렴)

- 『십만 년의 사랑』 정윤천 시화집. 『문학동네』 2011년, 개정판에 의함.

연출노트

출연 5명 : A, B, C, D, E.

　무대에는 3명의 낭송가(C, E, D)가 검은 옷을 입고 뒤로 돌아서 있고, B가 무대에서 옆 벽을 보고 서 있다.

　음악이 흐르고 무대 뒤에서 A가 낭송을 하며 B를 향하여 천천히 걸어 나온다.

　B의 뒤를 바라보며 A가 1연의 시를 낭송하면, B가 뒤돌아서며 A를 바라보고 걸으며 2연을 낭송한다.

　B의 낭송이 끝남과 동시에 무대를 향하여 돌아선다.
　(A는 C와 E 사이에, B는 E와 D 사이에 선다)

C, D, E가 차례대로 뒤로 돌아서 낭송하면서 A와 B를 마주보며 선다.

A, B, C, D, E가 빠르게 낭송하며, 차례로 일렬을 만들며 관중석을 향하여 선다.

- 돌아설 때는 늘 관중석을 향하여 돌아선다.

A가 낭송을 하며 왼쪽 사이드로 가고
B가 낭송을 하며 오른쪽 사이드로 간다.

다시 C, D가 앞으로 나가며 합송하고
A, B가 합송하며 C와 D의 옆에 나란히 선다.

E가 네 사람이 중앙으로 이동하며 낭송하고

전체가 한 발 앞으로 나와서 '너에게로 닿기까지 십만 년이 걸렸다'를 합송한다.

전체가 한 발 뒤로 물러서서 인사한다.

참고 : 앞으로 걸을 때는 오른발부터, 뒤로 물러설 때는 왼발부터, 인사는 고개를 숙이고 3박자 후 허리를 펴고, 서서 하는 율동은 오른쪽으로부터 한다.

시인소개

정윤천 시인

출생 : 1960년 전남 화순

대뷔 : 1990년 무등일보 신춘문예 당선

학력 : 광주대학교 졸업

경력 : 《시와 사람》 편집주간 역임

시집 : 『생각만 들어도 따숩던 마을의 이름』, 『흰 길이 떠올랐다』, 『탱자 꽃에 비기어 대답하리』, 『구석』, 『십만 년의 사랑』.

수상 : 2011년 천태산 은행나무문학상. 제13회 지리산 문학상.

시의 이해

'인연'은 결코 가볍지 않다.

잠시 만난 인연이 '사랑'으로 서로에게 확인될 때까지는 '십만 년'의 시간이 필요할지 모른다. 아니 십만 년의 세월이 흐르고서야 이루어진 사랑이라고 믿고 싶다.

시의 원본이 제각각인 이유

처음 이 시를 인터넷에서 접하면서 크게 당황하였다. 전국적으로 알려져 시낭송가들에게 사랑받는 시가 카페마다 블로그마다 심지어 웹문서까지 다르게 게재되어 있었다.

결국 시집을 사서 확인하는 것이 가장 정확한 방법이라 생각하여 시집을 구입했으나 시집의 시를 발췌해 보아도 아무래도 미흡하다는 생각이 들었다.
　마지막 방법은 시인에게 직접 물어보는 방법이다.

　이 시를 문학동네에서 발간하고 나서 큰 연으로 1, 2, 3, 4로 나누어져 있는데 유독 4에서 내용이 빈약하고 밋밋하다하여 2쇄를 찍을 때, 수정하였다고 한다. 초판의 시집이 모두 판매가 되었으므로 초판을 기준으로 원본을 확정하는 경우가 많아서 개정판의 원본과 다르게 된다. 그리고 인터넷에 인용된 시들이 많이 다르게 올라와 있는데 필자가 확인한 것만도 5편이 넘는다. 그중에는 시인이 직접 낭송한 것이라고 올라온 경우와 신문의 인터뷰 내용의 경우도 원문과 많이 달랐다. 아마도 글을 올리는 분의 착오나 무성의에서 빚어진 일이라 생각된다.
　다행히 필자가 정윤천 시인과 통화하여 자초지종을 듣고 원문을 보내 주십사 청을 드렸고 시인께서 손수 원문을 워드로 작성하여 보내주시는 수고를 아끼지 않으셨다. 필자에게 시낭송 지도를 잘 부탁한다는 말씀과 함께였다.
　시인의 시 한 편은 많은 고뇌와 노력으로 빚어진다. 정윤천 시인의 시를 필자가 읽으면서 시인의 시를 위한 정열과 의지가 느껴져 더욱 정확한 시낭송지도를 하여야겠다는 사명감을 느꼈다.
　결국 '정본 확정의 원칙'에 따라 다시 개정된 시집에 실린 원문으로 수업을 진행한다.
　이 시의 '연'은 총 '11연'으로 나누어져 있다. 혹 '8연', '9연', 또는 '10연'으로 나눠져 있다면 잘못 표기된 것이다. 특히 시집의 쪽수가 바뀔 때 '

연'이 붙여진 것인지, 띄어진 것인지 잘 확인하여야 할 것이다.

발음 연구
닿기까지 - 다키까지(○), 다끼까지(×) (12항)
산기슭에 - 산끼슬게(○), 산키슬게(×) (24항)
역린 - 영닌 (제19항)

장단음 연구
〈장음〉
닿:기까지, 사:람의, 아:무래도, 했:다, 모: 를, 별: 빛, 도:착하여, 숨:을, 시:작하였다, 사:람들이, 속:으로, 일:처럼, 모: 든, 매:미로, 울:다, 뱀:으로, 개:의, 했:으리라, 멀:고도, 의:미의.

된소리, 거센소리, 예사소리
〈된소리〉
걸렀다-걸럳따, 흘러갔다-흘러갇따, 했다-핻:따, 출발했을지-출발해쓸찌, 별빛-별:삗, 시작하였다-시:자카엳따, 산기슭에-산끼슬게, 사라졌다-사라젇따, 왔고-왇꼬, 벗고-벋꼬, 발바닥으로-발빠다그로, 태어났다가-태어낟따가, 물방울들이-물빵울드리, 물결을-물껴를, 왔다-왇따, 금빛의-금삐최(체).
〈거센소리〉
닿기까지-다:키까지, 지독한-지도칸, 도착하여-도:차카여. 시작하였다-시 : 자카옅따. 역린같이-영닌가치.

조사 '의'의 발음 (추가)

이 시에는 조사 '의'가 열네 군데나 나온다.
　'십만 년의 사랑'
　'십만 년의 해가 오르고'
　'십만 년의 달이 이울고'
　'십만 년의 강물이 흘러갔다'
　'사람의 손과 머리를 빌려서는'
　'고독의 시간'
　'십만 년의 노을이 스러져야 했다'
　'산정의 별빛 아래'
　'지상의 사람들이'
　'잠들어 가는 지상의 일처럼 우리는 그만 잠기어도 된다'
　'더 이상의 빛을 따라나서야 할 모든 까닭이 사라졌다'
　'천 번쯤 개의 발바닥으로 거리를 쏘다니기도 했으리라'
　'태어난 자리에서 그대로 난다는 의미의'
　'금빛의 역린같이'

이중에서 '십만 년'의 '사랑'은 꼭 '의'로 발음할 것을 권한다.

원문과 다르게 낭송하는 예

어두움 → 어둠

하나둘 → 하나 둘

띄어 읽기 주의

- 잘못된 예

사람의 손과 / 머리를 빌려서는

너와 나는 이제야 / 도착하여 숨을 고른다

하나/둘 어두움 속으로 문을 걸어 / 잠그기 시작하였다

하필이면 / 우리는 이런 비탈진 저녁 / 산기슭에 이르러서야

가까스로 서로를 / 알아보게 되었는가

- 바르게 된 예

사람의 손과 머리를 / 빌려서는

너와 나는 / 이제야 도착하여 숨을 고른다

하나둘 어두움 속으로 / 문을 걸어 잠그기 시작하였다

하필이면 / 우리는 / 이런 비탈진 저녁 산기슭에 / 이르러서야

가까스로 / 서로를 알아보게 되었는가

낭송의 실제

십만 년의 사랑 / 정윤천
- 심만 녀늬 사랑 / 시 정윤천. 낭ː송 ○○○.

1.
너에게로 닿기까지 십만 년이 걸렸다
- 너에게로 다ː키까지 심만 녀니 걸렫따
십만 년의 해가 오르고
- 심만 녀늬(네) 해가 오르고
십만 년의 달이 이울고
- 심만 녀늬(네) 다리 이울고
십만 년의 강물이 흘러갔다
- 심만 녀늬(네) 강무리 흘러갇따

사람의 손과 머리를 빌려서는
- 사ː라믜(메) 손과 머리를 빌려서는
아무래도 잘 헤아려지지 않을 지독한
- 아ː무래도 잘 헤아려지지 아늘 지도칸
고독의 시간
- 고도긔(게) 시간
십만 년의 노을이 스러져야 했다

- 심만 녀늬(네) 노으리 스러저야 핻ː따

2.
어쩌면, 십만 년 전에 함께 출발했을지 모를
- 어쩌면, 심만 년 저네 함께 출발해쓸찌 모ː를
산정의 별빛 아래
- 산정의(에) 별ː삗 아래
너와 나는 이제야 도착하여 숨을 고른다
- 너와 나는 이제야 도ː차카여 수ː믈 고른다

지상의 사람들이
- 지상의(에) 사ː람드리
하나둘 어두움 속으로 문을 걸어 잠그기 시작하였다
- 하나둘 어두움 소ː그로 무늘 거러 잠그기 시ː자카엳따

하필이면 우리는 이런 비탈진 저녁 산기슭에 이르러서야
- 하피리면 우리는 이런 비탈진 저녁 산끼슬게 이르러서야
가까스로 서로를 알아보게 되었는가
- 가까스로 서로를 아라보게 되언는가
여기까지 오는 데 십만 년이 걸렸다
- 여기까지 오는 데 심만 녀니 걸렫따
〉

잠들어가는 지상의 일처럼 우리는 그만 잠기어도 된다

- 잠드러가는 지상의(에) 일:처럼 우리는 그만 잠기어도 된다

더이상의 빛을 따라나서야 할 모든 까닭이 사라졌다

- 더이상의(에) 비츨 따라나서야 할 모:든 까달기 사라졏따

3.

천 번쯤 나는 매미로 울다 왔고

- 천 번쯤 나는 매:미로 울:다 왇꼬

천 번쯤 나는 뱀으로 허물을 벗고

- 천 번쯤 나는 배:므로 허무를 벋꼬

천 번쯤 개의 발바닥으로 거리를 쏘다니기도 했으리라

- 천 번쯤 개:의(에) 발빠다그로 거리를 쏘다니기도 해:쓰리라

한번은 소나기로 태어났다가

- 한버는 소나기로 태어낟따가

한번은 무지개로 저물기도 하였으리라

- 한버는 무지개로 저물기도 하여쓰리라

4.

물방울들이 모여 물결을 이루는

- 물빵울드리 모여 물껴를 이루는

멀고도 반짝이는 여정을 우리는 왔다

– 멀:고도 반짜기는 여정을 우리는 왇따

태어난 자리에서 그대로 난다는 의미의
– 태어난 자리에서 그대로 난다는 의:미의(에)
이름으로 불려지던 나비처럼
– 이르므로 불려지던 나비처럼
날고 또 날아올라서 여기까지 왔다
– 날고 또 나라올라서 여기까지 왇따

바다인들 거슬러오르려는 거꾸로 붙은 비늘처럼
– 바다인들 거슬러오르려는 거꾸로 부튼 비늘처럼
금빛의 역린같이
– 금삐최(체) 영닌가치
너에게로 닿기까지 십만 년이 걸렸다
– 너에게로 다:키까지 심만 녀니 걸렫따

07 김상옥의 「봉선화」 〈시조〉

봉선화 / 김상옥

비오자 장독간에 봉선화 반만 벌어
해마다 피는 꽃을 나만 두고 볼 것인가
세세한 사연을 적어 누님께로 보내자.

누님이 편지 보며 하마 울까 웃으실까
눈앞에 삼삼이는 고향집을 그리시고
손톱에 꽃물 들이던 그날 생각하시리.

양지에 마주 앉아 실로 찬찬 매어주던
하얀 손 가락 가락이 연붉은 그 손톱을
지금은 꿈속에 본 듯 힘줄만이 서누나.

– 『김상옥 시전집』 창비. 2005. 10. 24쪽.

원본 또는 정본 확인과정
김상옥 시전집에서 발췌.

참고본 또는 이본
참고본 및 이본은 생략한다.

시인소개
김상옥 시인
출생 : 1920년 3월 15일, 경남 통영시
사망 : 2004년 10월 31일 (향년 84세)
데뷔 : 1941년 동아일보 신춘문예에 시 '낙엽'이 당선
경력 : 1999~ 한국시인협회 고문
수상 : 1995년 보관문화훈장

시조의 이해
　시조의 율격에 충실한 연시조이다. 교과서에도 실려서 대부분 국민이 한 번쯤 읽어 보았을 시조다. 어린 시절에 봉선화로 손톱을 물들이고 그 손톱이 자라서 꽃물 들인 손톱이 첫눈이 올 때까지 있으면 소원이 이루어진다 하여 정말 '장독간에 마주 앉아' 꽃물을 들였다. 요즘 젊은이들이야 잘 이해가 안 될 것이다. 요즘에는 여자들이 손톱에 네일 아트로 한껏 멋을 내지만 옛날에는 봉선화 꽃물을 들이는 것이 유일하게 손톱을 위한 치장이었다.

아마도 누님은 시집을 갔나 보다. 누님이 가고 없는 장독간에는 또 봉선화가 피고 누님을 위하여 시인은 그 소식을 전하고자 하며 미리 누님이 편지를 보며 고향 생각하실 것을 상상한다.

그러나 세월은 무심히 흘러 하얀 손가락에는 힘줄만이 서 있다.

절로 가슴이 먹먹해지는 시다.

장단음 연구
〈장음〉
장:독간에, 봉:선화 반:만 벌:어, 세:세한, 사:연을, 누:님께로, 누:님이 편:지, 울:까 웃:으실까, 실:로, 하:얀, 연:붉은.

된소리, 거센소리, 예사소리
〈된소리=경음화〉
장독간에-장 : 똑까네, 것인가-거신가(꺼신가), 고향집을-고향찌블, 꿈속에-꿈쏘게, 힘줄만이-힘쭐마니.
〈거센소리=격음화〉
생각하시리-생가카시리.

조사 '의'의 발음
시조의 특성답게 조사 '의'가 하나도 없다.

띄어읽기와 끊어읽기
시조의 율격에 따라 '음보' 또는 '구'로 구분하여 낭송한다.
'하얀 손/ 가락 가락이/ 연붉은 그 손톱을'

중요 낱말 및 시어 시구 풀이
시조의 이해를 저해할만한 시어나 시구가 없다.

낭송의 실제

봉선화 / 김상옥
- 봉:선화 / 시 김상옥. 낭:송 ○○○.

비오자 장독간에 봉선화 반만 벌어
 - 비오자 장:똑까네 봉:선화 반:만 버:러
해마다 피는 꽃을 나만 두고 볼 것인가
 - 해마다 피는 꼬츨 나만 두고 볼 거신가(꺼신가)
세세한 사연을 적어 누님께로 보내자
 - 세:세한 사:여늘 저거 누:님께로 보내자

누님이 편지 보며 하마 울까 웃으실까
 - 누:니미 편:지 보며 하마 울:까 우:스실까
눈앞에 삼삼이는 고향집을 그리시고

- 누나페 삼사미는 고향찌블 그리시고

손톱에 꽃물 들이던 그날 생각하시리
- 손토베 꼰물 드리던 그날 생가카시리

양지에 마주 앉아 실로 찬찬 매어주던
- 양지에 마주 안자 실:로 찬찬 매어주던

하얀 손 가락 가락이 연붉은 그 손톱을
- 하:얀 손 가락 가라기 연:불근 그 손토블

지금은 꿈속에 본 듯 힘줄만이 서누나
- 지그은 꿈쏘게 본 듣 힘쭐마니 서누나

[낭송팁]

시조 종류의 이해

시조 : 고려후기에서 조선전기에 걸쳐 정제된 우리나라 고유의 정형시.
3장 = 6구 = 12음보 = 43(45)자 내외로 구성되어 있다.

단장시조 : 종장만으로 된 시조.

말로 다 할 수 있다면 꽃이 왜 붉으랴. 이정환/서시.

얕다고 얕보지 마라 내 뿌리는 바다다. 문무학/내

돌해태 콧등에 지는 산복사꽃 몇 잎. 박기섭/적멸궁.

양장시조 : 중장이 없고, 초장과 종장으로만 된 시조.

뵈오려 못 뵈는 님 눈 감으니 보이시네
감아야 보이신다면 소경되어지이다. 이은상/소경되어지이다.

안개 싸인 산을 헤치고 올라선 제
새소리 들리건마는 새는 아니 보이오.

안개 걷고 나니 울던 새 인 곳 없고
이슬만 잎사귀마다 방울방울 맺혔소. 이은상/산 위에 올라.

평시조 : 초장·중장·종장의 3장 형식으로 구성된 평탄한 가락의 시조.
　　　　(가장 기본 형식의 시조)

개나리 / 이은상

매화꽃 졌다 하신 편지를 받자옵고
개나리 한창이란 대답을 써 보냈소

둘이 다 '봄'이란 말은 차마 쓰기 어려워서

연시조 : 시조 형태의 하나. 연형시조·연작시조라고도 하며 한 제목 아래 2수 이상의 시조로 엮어진 것. (하나의 제목에 평시조 형식의 단가를 2수 이상의 장구로 엮어내는 시조)

성불사의 밤 / 이은상

성불사 깊은 밤에 그윽한 풍경소리
주승은 잠이 들고 객이 홀로 듣는구나
저 손아 마저 잠들어 혼자 울게 하여라

뎅그렁 울릴 제면 더 울릴까 맘 졸이고
끊일 젠 또 들릴까 소리 나기 기다려져
새도록 풍경소리 데리고 잠 못 이뤄 하노라

가고파 / 이은상
- 내 마음 가있는 그 벗에게

내 고향 남쪽 바다
그 파란 물 눈에 보이네

꿈엔들 잊으리요
그 잔잔한 고향 바다
지금도
그 물새들 날으리
가고파라 가고파

어린 제 같이 놀던 그 동무들 그리워라
어디 간들 잊으리요
그 뛰놀던 고향 동무
오늘은 다 무얼 하는고
보고파라 보고파

그 물새 그 동무들
고향에 다 있는데
나는 왜 어이다가 떠나 살게 되었는고
온갖 것 다 뿌리치고
돌아 갈까 돌아가

가서 한 데 얼려 옛날 같이 살고지고
내 마음 색동옷 입혀
웃고 웃고 지나고저
그날 그 눈물 없던 때를

찾아 가자 찾아 가

물 나면 모래판에서
가재 거이랑 달음질 치고
물 들면 뱃장에 누워
별 헤다 잠 들었지
세상 일 모르던 날이
그리워라 그리워

여기 물어 보고 저기 가 알아 보나
내 몫엣 즐거움은 아무 데도 없는 것을
두고 온 내 보금자리에
가 안기자 가 안겨

처녀들 어미 되고
동자들 아비 된 사이
人生의 가는 길이 나뉘어 이렇구나
잃어진 내 기쁨의 길이
아까와라 아까와

일하여 시름 없고
단 잠 들어 죄 없는 몸이

그 바다 물 소리를
밤 낮에 듣는구나
벗들아 너희는 복된 자다
부러워라 부러워

옛 동무 노 젓는 배에 얻어 올라 치를 잡고
한 바다 물을 따라
나명들명 살까이나
맞잡고 그물 던지며
노래하자 노래해

거기 아침은 오고
또 거기 석양은 져도
찬 얼음 센 바람은
들지 못하는 그 나라로
돌아가 알 몸으로 살거나
깨끗이도 깨끗이

(처음에는 3장 6구 형식으로 발표했다가 후에 시집을 내면서 수정했다.)

밑줄사설시조 : 시조 중에서 초장과 중장이 길어져 산문적이며 서민적인 시조의 형식. (평시조의 기본형에서 두 구 이상이 각각 그 자수가 열 자 이상으로 늘어난 시조)

이렇게 되어도 싸지 / 윤금초

  나이 어린 염소 한 마리 이리에게 쫓기고 있었지.

  날 냉큼 삼키려고 궁리하는 걸 알고 있어요. 죽을 때 죽더라도 격식이나 갖춰 주세요. 죽음의 춤을 추게 피리를 불어 주세요. 삼현육각 풍물 잡고 피리 불기 재주넘기 줄타기 공중제비 어깨 들썩 휘돌아갈 때, 웬 춤판이 저리도 요란타냐? 왁자그르 고성방가 날라리 소리에 선잠 깬 들개 떼가 느닷없이 들이닥쳤지. 우르르 몰려드는 들개에게 쫓기면서 이리가 몸을 돌려 말했지.

  이렇게 되어도 싸지. 백정 짓 해얄 참에 피리 분 게 병통이지.

  그 외에 엇시조, 옴니버스 시조 등이 있다.

시조 배행의 이해

장별 배행

초장 : 오백 년 도읍지都邑地를 필마匹馬로 돌아드니,
중장 : 산천山川은 의구依舊하되 인걸人傑은 간 데 없다.
종장 : 어즈버, 태평연월太平烟月이 꿈이런가 하노라.
　　　〈오백년 도읍지를/길재〉

구별 배행

초장 1구 : 오백 년 도읍지를
초장 2구 : 필마로 돌아드니,
중장 1구 : 산천은 의구하되
중장 2구 : 인걸은 간 데 없다.
종장 1구 : 어즈버, 태평연월이
종장 2구 : 꿈이런가 하노라.

음보별 배행

초장 1음보 : 오백 년
초장 2음보 : 도읍지를

초장 3음보 : 필마로

초장 4음보 : 돌아드니,

중장 1음보 : 산천은

중장 2음보 : 의구하되

중장 3음보 : 인걸은

중장 4음보 : 간 데 없다.

종장 1음보 : 어즈버,

종장 2음보 : 태평연월이

종장 3음보 : 꿈이런가

종장 4음보 : 하노라.

혼합 배행

초장 1음보 : 오백 년

초장 2음보 : 도읍지를

초장 2구 : 필마로 돌아드니,

중장 : 산천은 의구하되 인걸은 간 데 없다.

종장 1음보 : 어즈버,

종장 2음보 : 태평연월이

종장 2구 : 꿈이런가 하노라.

시조의 낭송

　시조의 낭송이라 하여 자유시와 별로 다르지 않으나 시조는 정형시이기 때문에 율격이 살아 있어 리듬을 잘 살려야 한다. 구별로 '끊어읽기'를 기본으로 하고 배행 형태에 따라 낭송을 하거나 음보별과 구별과 장별로 혼합하여 낭송하여도 된다. 종장의 첫 음보는 시조 중에서 가장 중요시하는 부분이니만큼 클라이맥스가 되는 경우가 많다. 이 부분을 잘 살려 낭송하면 좋다.
　초장과 중장은 구별로 '끊어읽기'를 하면 무리가 없지만 종장은 음보별로 끊어서 낭송하면 시조의 강조하는 부분도 살릴 수 있고 리듬도 살릴 수 있다.

08 조지훈(작가미상)의 「사모」

사모 / 작가미상. (조지훈)

사랑을 다해 사랑하였노라고
정작 할 말이 남아 있음을 알았을 때
당신은 이미 남의 사랑이 되어 있었다
불러야 할 뜨거운 노래를 가슴으로 죽이며
당신은 멀리로 잃어지고 있었다
하마 곱스런 눈웃음이 사라지기 전
두고두고 아름다운 여인으로만 잊어달라지만
남자에게 있어 여자란 기쁨 아니면 슬픔
다섯 손가락 끝을 잘라 핏물 오선 그어
혼자라도 외롭지 않은 밤에 울어 보리라
울다가 지쳐 멍든 눈흘김으로
미워서 미워지도록 사랑하리라
한 잔은 떠나버린 너를 위하여
또 한 잔은 이미 초라해진 나를 위하여

그리고 한 잔은 너와의 영원한 사랑을 위하여

마지막 한 잔은 미리 알고 정하신

하나님을 위하여

- 〈한국인이 가장 사랑하는 사랑시 100선. 신달자 엮음. 2012년 11월 20일. 북오션〉 206~207쪽.

참고본 또는 이본

사모 / 작가미상. (조지훈)

사랑을 다해 사랑하였노라고
정작 할 말이 남아있음을 알았을 때
당신은 이미 남의 사람이 되어 있었다.

불러야 할 뜨거운 노래를 가슴으로 죽이며
당신은 멀리로 잃어지고 있었다.

하마 곱스런 웃음이 사라지기 전
두고두고 아름다운 여인으로 잊어 달라지만
남자에게서 여자란 기쁨 아니면 슬픔

〉
　다섯 손가락 끝을 잘라 핏물 오선을 그려
　혼자라도 외롭지 않을 밤에 울어보리라
　울어서 멍든 눈흘김으로
　미워서 미워지도록 사랑하리라

　한 잔은 떠나버린 너를 위하여
　또 한 잔은 너와의 영원한 사랑을 위하여
　그리고 또 한 잔은 이미 초라해진 나를 위하여
　마지막 한 잔은 미리 알고 정하신 하나님을 위하여

(이 시는 원본도 정본도 없다. 가장 시적인 문장으로 고쳐진 『제주 현대미술관 '걷기좋은저지문화예술인마을'』에 새겨진 시비의 원문(이천십일년. 녹음절.)을 올린다.)

〈조지훈 시인의 '思 慕'〉

思 慕 / 조지훈

　그대와 마조 앉으면
　기인 밤도 짧고나

〉
희미한 등불 아래
턱을 고이고

단 둘이서 나노는
말 없는 얘기

나의 안에서
다시 나를 안아 주는

거룩한 光芒
그대 모습은

運命보담 아름답고
크고 밝아라

물들은 나무 잎새
달빛에 젖어

비인 뜰에 귀또리와
함께 자는데
〉

푸른 창가에
귀 기울이고

생각 하는 사람 있어
밤은 차고나

- 조지훈 시선 /『승무』. 미래사. 1991년 11월 15일. 초판 1쇄 발행. 2002년 9월 10일 신판 1쇄 발행. (58~59쪽). ('풀잎 斷章'에 발표된 시)

〈육필 시집의 '원본'〉

思　慕 / 조지훈

그대와 마조 앉으면
기인 밤도 짧고나

희미한 등불아래
턱을 고이고

단둘이서 나노는
말없는 얘기

〉
나의 안에서
다시 나를 안아주는

거룩한 光芒
그대 모습은

運命보담 아름답고
크고 밝아라

물드른 나무잎새
달빛에 젖어

뷔인 뜰에 귀또리와
함께 자는데

푸른 창ㅅ가에
귀기우이고

생각하는 사람있어
밤은 차고나

- 지훈육필시집(조지훈전집 별책). 205쪽~207쪽. 나남출판. 2001년 5월 15일 발행 1쇄. (띄어쓰기가 조금 다르다. 고어도 그대로 옮긴다)
- 〈편찬위원〉 홍일식(고려대)·홍기삼(동국대)·최정호(연세대)·최동호(고려대)·인권환(고려대)·이성원(서울대)·이동환(고려대)·박노준(한양대)·김인환(고려대) 교수.

사모 / 조지훈

사랑을 다해 사랑하였노라고
정작 할 말이 남아 있음을 알았을 때
당신은 이미 남의 사랑이 되어 있었다.
불러야 할 뜨거운 노래를 가슴으로 죽이며
당신은 멀리로 잃어지고 있었다.
하마 곱스런 눈웃임이 사라지기 전
두고두고 아름다운 여인으로만 잊어달라지만
남자에게 있어 여자란 기쁨 아니면 슬픔
다섯 손가락 끝을 잘라 핏물 오선 그어
혼자라도 외롭지 않은 밤에 울어 보리라
울다가 지쳐 멍든 눈흘김으로
미워서 미워지도록 사랑하리라
한 잔은 떠나버린 너를 위하여

또 한 잔은 이미 초라해진 나를 위하여
그리고 한 잔은 너와의 영원한 사랑을 위하여
마지막 한 잔은 미리 알고 정하신
하나님을 위하여

- 한국인이 가장 좋아하는 명시 100선. 민예원. 초판1쇄 2002년 12월 15일. 초판8쇄 2003년 7월 15일. 14쪽.

'사모'는 조지훈 시인의 작품이 아니다!
'思慕'가 진짜 조지훈 시인의 작품이다.

우리가 알고 있는 '사모'라는 이 시가 조지훈 시인의 시가 아니라는 추측에는 다음과 같은 이유들이 있다.

1. 조지훈 시인의 생전에 발표된 근거가 없다.
2. 사후 제자들의 유품 정리 과정에서 나온 육필 원고나 자료에서 어느 누구도 이 詩를 본 적이 없다.

- 〈조지훈 육필시집〉 해제. 박노준 한양대 명예교수.

1
　선생께서 돌아가신 후 서른세 해 동안 고이 간수 해오던 육필시집을 공간公幹한다. 이에 우리는 새삼 선생의 초상을 떠올리며 애틋한 그리움과 추모의 상념에 젖는다. 한동안 잊었던 의연한 모습을 접하고, 묵직한 육성을 듣는 듯한 기쁨을 누린다. 이제 이 귀중한 친필시집을 처음 찾았을 때의 감격스런 순간으로 돌아가서 그 자초지종의 경위를 밝히는 기회를 갖기로 한다.

선생의 장례를 치른 지 한 달쯤 지난 1968년 6월 중순경, 홍일식, 인권환, 박노준 등은 선생의 장서와 원고정리 작업에 착수하여 약 4개월에 걸쳐 그 대강의 일을 마쳤다. 그로부터 4년 뒤인 1972년에 다시 한 달 반 동안 손질하여 모든 작업을 마무리 하였다. 원고의 경우는 발표, 미발표를 막론하고 선생의 전업적을 찾아내어 글의 성격에 따라 몇 갈래로 분류하여 목록에 기재해 놓고 곧 찾아올 전집 간행의 때를 미리 대비해 놓기로 하였다.

세 사람 모두 직장에 매인 몸이라 주로 주말에 시간을 내서 성북동(2차 작업 시는 수유동) 선생댁을 찾았다. 갈 때마다 너무나 일찍 스승을 잃은 비통함에 젖어 서로 대화를 나누는 일도 별로 없이 묵묵히 손을 놀리던 일이 마치 몇 년 전의 일인 양 기억에 새롭다.

그런 식으로 작업에 몰두하던 어느 날이었다. 책장 서랍 깊숙한 곳에 숨어 있던 한 뭉치의 원고 묶음을 찾아내어 풀어 본 순간, 우리는 누가 먼저라 할 것 없이 놀라움의 나직한 탄성을 내지르고야 말았다. 당신께서 직접 정서한 두 권의 육필 시선집, 그리고 시작詩作 노트, 그것들은 모두 우리 눈에 익숙한 선생의 글씨임이 분명하였다. 곧 흥분을 가라앉히고 사모님을 급히 모셔서 여쭤보았으나 그분도 전혀 모르는 일이라는 응답이었다.

호방하면서도 치밀한 선생의 성품은 널리 알려진 바이다. 그러한 성품이 당신께서 이미 발표하신 시편들을 저장하는 일에까지 연동되어서 마침내 정본定本 의식에 의한 육필 원고로 이어질 줄은 아무도 예상치 못한 일이었다. 아마도 댁에서 한가한 시간을 보내실 때 짬짬이 써서 책으로 묶어 놓은 것이라고 우리는 결론을 내렸다.

여기서 잠시 선생 생존 시의 성북동 서재의 분위기를 회상키로 한다. 문단과 학계의 동료 후배들의 발걸음이 잦았듯이 우리도 학부 초학년 때부터 돌아가시기 며칠 전까지 댁에 무시로 출입하였거니와 그 횟수를 어찌 셈할 수 있으랴. 낮시간에 찾아뵐 때도 그랬지만 특히 저녁 무렵이나 밤에 방문하여서 선생과 마주할 때면 바로 그 시간이 사제지간의 격의 없는 담론의 시간이었다. 사모님께서 손수 마련해 주신 술잔을 들면서 선생의 말씀을 들을 때면 강의실에서와는 전혀 다른 환경에 몰입되곤 하였다.

학문하는 방법과 인생을 살아가는 기본자세를 선생의 서재에서 배웠고 어지러운 시대를 걱정하고 한탄하는 한숨의 소리도 그곳에서 더 많이 들었다. 동서고금의 사상과 학문과 문학을 종횡으로 넘나들던 '知多선생'의 傳學에 노상 넋을 잃었던 곳도 바로 성북동 枕雨堂 서재였다.

경청하는 우리의 감성을 더욱 고조시킨 것은 그분의 자작시 낭송, 그곳에서 들은 시가 몇 편쯤 되는지는 알지 못한다. 세인들이 일컫는 당신의 몇 대표작보다는 질적으로는 다소 뒤질지 모르나 가장 애착이 가는 시는 일제 말기 숨어서 살던 때에 지은 〈落花〉라는 말씀을 듣던 곳도 바로 거기였다.

이 모든 장면도 잊을 수 없는 것이지만 지금도 생생하게 기억하는 것은 말씀 중에 수시로 책장 서랍을 열고 꺼내 보여주시던 각종의 원고 초안과 메모, 도표화된 자료, 서찰 등이었다. 오래된 것은 해방 전에 구상한 바를 적어 놓은 것도 있었고, 또 그 내용과 범위도 시와 국학 전반에 걸친 것이었다. 잔글씨로 빽빽하게 적어 놓은 크고 작은 종이에는 선생의 시와 학문의 씨앗들이 가득 들어차 있었다. 그걸 보이면서 설명하실 때의 모습에서 우리는 선생의 시와 학문에 대한 정열과 함께 꼼꼼한 성품을 읽곤 하였다.

원고를 정리할 때, 예의 자료를 다시 접하면서 우리가 이를 예사롭게 넘긴 까닭도 방금 증언한 바와 같이 그 존재를 이미 알고 있었기 때문이었다. 그러나 오늘 펴내는 이 육필시집의 원본을 발굴했을 때의 경우는 그와는 사정이 전혀 달랐다. 선생에게서 직접 들은 바도, 또한 본 바도 없는 뜻밖의 자료였으니 그때 우리의 놀라움은 참으로 컸다. 지금 생각해 보면 이 육필시선집은 담론의 대상이 될 수 없다고 판단하셨기 때문에 거기에 대해선 평소 거론하지 않으셨다고 사료 된다.

2

이 〈지훈 육필시집〉은 시작 노트를 제외한 예의 두 권의 자료를 합책한 것이다. 원래는 노트(15X19cm)에 31편, 백지책자(20X27.5cm)에 117편 도합 148편이 전해 오고 있으나 전자에 실려 있는 작품들 가운데 27편이 후자에 재록再錄되어 있어서 중복을 피하기 위하여 전자의 것을 취하고 후자의 것을 빼기로 하였다. 따라서 재편집된 이 시선집의 총 편수는 121편이 된다.

　이 자필시집을 언제부터 쓰기 시작했는지는 연대표가 없어서 전혀 알 수 없다. 끝낸 시기도 정확히 알 수 없으나 다만 선생이 마지막으로 펴낸 제5시집인 〈여운〉이 1964년에 간행된 점을 참고하여 그 시집에 수록된 작품이 육필시선에 겹쳐있는지 여부를 따져보면 그 대강의 시기를 어림짐작은 할 수 있을 터이다.

　두 권 중 노트本이 먼저 작성된 것만은 확실하다. 겉표지에 〈芝薰詩秒-玩虛山房藏〉이라 題한 이 자료는 선생의 초기 작품이 주류를 이루고 있을 뿐만 아니라 노트 자체가 오래된 것이다. 노트의 각면 상단에는 고무 스탬프로 숫자가 찍혀 있는데 첫면이 '145'로 되어 있으므로 일견 그 앞부분에 필사된 시들이 소실된 듯한 느낌을 주나 사정은 그렇지 않다. 고무 스탬프의 숫자가 어떤 연유에서 비롯한 것인지는 알 수 없으나 선생의 시선詩選과는 무관한 것이 확실하다. 그 증거로는 첫 번째 작품을 시작하면서 장의 표시를 'I'로 명기하였고 이어서 'III'까지 연이어져 있기 때문이다.

　〈芝薰詩秒〉의 것을 말하자면 빼놓을 수 없는 사실은 여기의 글씨체가 선생의 전형적인 필체라는 점이다. 서예가는 물론 문사나 학자들도 자신의 독특한 필체가 있고 그외 한두 가지 변체變體가 있는 것이 상례인데 선생의 경우도 이에서 벗어나지 않았다.

　후자의 표지에는 제명題名이 없다. 그러나 전자와는 달리 전체를 여러 장으로 나누고 장의 소제목을 따로 붙여 놓았다. 면수는 밝히지 않고 있다. 시집명을 그대로 따온 것은 한 장뿐이고 (《역사 앞에서》), 그 나머지는 주로 작품명으로 소제목을 삼았다. 두 책 모두 기간의 시집들에 실린 작품들을 일단 흩어 놓은 뒤, 다시 몇 개의 장으로 재배열한 점과 후자의 소제목을 시집명에 따르지 않은 점 등에서 자작시 전편에 대한 선생의 최종적인 생각을 읽어야 할 것이다.

　전자가 펜글씨인 반면, 후자는 만년필로 쓴 것이다. 여기에 실려 있는 118편의 작품을 한꺼번에 모두 쓰셨다고 보기는 어렵다. 시간이 나는 대로 여러 해에 걸쳐 한두 편, 또는 서너 편씩 합철해 놓은 것으로 보인다. 많은 작품을, 그것도 여러 해 동안 틈틈이 쓰시다 보니 글씨체도 전형적인 필체 외에 변체도 섞여 있는 것이 이 백지책자본의 특징으로 꼽힌다. 필적을 남기려는 의도성은 이 백지책자본에서 더욱 강하게 작용되었다고 헤아려진다. 노트본을 쓰실 때는 많은 시간이 걸리지 않았을 터이고 또한 파한破閑삼아 붓을 드시지 않았는가 추정한다. 그런데 막상 써 놓고 보니 필사본에 애착이 가고 그래서 이 일을 확장한 것이 바로 백지책자본이 아닌가 헤아려 볼 수 있다. 노트본에서 이미 쓴 작품 27편을 이 백지본에서 다시 쓰신 것을 보면 선생의 강한 의도를 짐작할 수 있을 것이다.

　작품의 선별기준을 어디에 두셨는지, 이 점 선생께서 함구하고 있으므로 알 수 없다. 이미 간행된 시집의 작품을 그대로 옮겨 썼음에도 오기誤記 이외 양자 사이에 상이한 부분이 발견되는데, 이것이 필사筆寫를 통해 활자본 시집의 것을 수정修訂, 개고改考코자 하신 것인지도 알 수 없다. 이런 궁금한 대목들을 비롯하여 이 육필선집의 자료적 가치, 이를 통해서 본 선생의 면모에 대한 성찰과 규명 등의 작업은 앞으로 현대문학 전공자가 풀어야 할 과제로 남겨 두면서 나의 증언을 겸한 해제는 여기서 마감한다.

3. 아들인 조광렬 수필가도 미국에서 한국서점에서 산 '한국인이 가장 애송하는 명시 100편' (민예원)에서 처음 이 시를 보았다고 한다.

- 〈[18회]한국인이 애송하는 아버지의 시, 우리가족이 애송하는 아버지의 시/효천 조광렬〉

　나는 아버지의 〈밤길〉이란 시와 〈절정〉, 〈빛을 찾아가는 길〉, 〈산중문답〉 그리고 〈낙화〉를 좋아한다. 그러면 한국사람들은 아버지의 무슨 시를 가장 좋아하는가가 궁금했었는데 어느 날 뉴욕 한국서점에 갔다가 〈한국인이 가장 애송하는 시 100편[민예원 간행]이란 책을 샀다. 그 책에 의하면 〈승무〉와 〈사모〉라고 한다. 이중 〈사모思慕〉는 내가 알고 있는 "그대와 마조 앉으면 긴 밤도 짧고나"로 시작되는 시 그 〈사모〉(아버지의 첫 시집 〈풀잎斷章〉에 실린)가 아니고 아버지 시집에도 전집에도 없는 또 다른 시 〈사모〉였다. 아마 어느 잡지 등에 활자화되었던 모양인데 아버지 시집이나 육필원고철에도 없는 것을 보면 아버지는 이 시를 대단치 않게 여기셨을 것이라는 추측을 해 보지만 검증이 필요한 시다. 그런 이 시가 인터넷 블로그에 가장 많이 오르는 시라고 하니 시적 가치보다 대중성이 있는 것만은 틀림없는 것 같다. 어느 날 어느 뉴욕 신인 문인 등단식에 축사하러 들렸다 만난 어느 미모의 전직 아나운서도 이 시를 언급하며 이 시가 인연이 되어 지금 남편과 연애하고 결혼까지 했다면서 자기가 가장 좋아하는 시라고도 했다. 그 시 〈사모〉를 소개한다.

4. 조지훈 시집과 전집 어느 곳에도 활자화되어 실린 곳이 없다. (조지훈, 박목월, 박두진 공저 시집 〈청록집〉, 최초시집 〈풀잎단장〉, 〈여운〉, 〈계명〉, 〈승무〉, 〈비조단장〉과 1996년 '나남출판사'에서 발간한 '조지훈 전집(전9권)'에도 비슷한 시가 없다.)
5. 조지훈 시인의 첫 시집(풀잎斷章)에는 같은 제목의 '思慕'가 버젓이 실려 있다.
6. 시인은 똑같은 제목으로 시를 발표하지 않는다. (같은 제목일 경우 1. 2를 붙여 구분한다)
7. 시인의 기존 발표된 시풍과 너무도 다르다는 평이 많다.
8. 시인이 사망 전 자신의 시를 정성들여 정리한 육필 원고에도 '사모'의 존재는 없다. '思慕'라는 제목의 시를 시인의 육필로 정리해 놓았다.

- 왜 이런 시가 유통되고 있을까? 하는 의문에는 여러 가지 추측이 있다.
우리가 애송하는 '천년사랑'도 '작가미상'의 작품으로 블로그 등에 올라와 낭송되었는데 어느 날 '박종화' 시인의 시로 둔갑이 되어 모두 그렇게 믿게끔 되었다.
- '사모'의 시도 이와 같은 과정을 거쳤을 것이라고 생각한다. '사모'라는

글이 인터넷을 떠돌다가 조지훈 시인의 '思慕'라는 같은 제목이 있으니 당연히 조지훈 시인의 작품이라고 착각하고 믿을만하다.

실제 그런 글이 인터넷에 소개되어 있다.

조지훈 시인의 시집을 검색하려고 ['승무'. 조지훈. 미래사. 2002. 09. 10.] 검색하면 목차에 '思慕'라는 제목이 있고, 소개 글에는 진짜 조지훈 시가 아닌 위의 다른 시 '사모'가 소개되어 있고 실재 본문에는 시인의 진짜 '思慕' 시가 실려 있다.

필자도 이 시의 출처를 추적하느라 이 글에 속아서 '국립중앙도서관'에서 '승무/조지훈'의 도서를 대출받아 확인하고 시가 서로 다른 것을 보고 실망을 금치 못했다.

이와 같은 과정을 거쳐 변형된 또 다른 시가 있다.

〈 '천년사랑' 시낭송에 대한 전향미 낭송가의 견해〉

천년사랑 / 작가미상. 낭송 전향미

  천년에 한알씩
  모래를 나르는
  황새가 있었단다
  그 모래가 쌓여 산이 될때까지
  너를 사랑하고 싶다.

〉
천년에 한번피는 꽃이 있었는데
그 꽃의 꽃잎이 쌓이고 쌓여
하늘에 닿을 때까지
너를 사랑하고 싶다.

학은 천마리를 접어야
행복을 가져다 주지만
나에겐 너만 있으면
행복하다.

하늘에게 소중한건 별이고
땅에 소중한건 꽃이고
나에게 소중한 건
바로 너란다.

내가 한강에 백원을 빠트렸을때
그거 찾을때까지 우리 사랑하자.

예전엔 모르던 사랑
지금은 편안한 사랑
나중에 편안할 사랑

바로 너란다.

장미꽃은 사랑
안개꽃은 죽음을 뜻하는데
난 너에게
안개꽃의 장미를 꽂아주고 싶다.

왜냐면?
난 너를 죽도록 사랑하니까.

영혼이 맑은 그대
일생을 통해 만난
이 세상 다 변해도
사랑해요 영원히 ....

햇살이 눈부신날
투명한 유리병에
햇살을 가득 담고 싶다.
너의 흐린날에 주기 위해서..

사랑한단 말이다
사랑한단 말이다

사랑한단 말이다

〈이 원본은 부러 띄어쓰기와 철자를 하나도 고치지 않고 그대로 올렸다.〉

〈전향미 시낭송가의 글〉

　저의 낭송시 '천년사랑'이 최근 박종화라는 잘못된 작자의 이름으로 인터넷 사이트에 번지고 있어 더 이상 묵과해서는 안 되겠기에 이곳에 저의 입장을 밝힙니다.

　이 시는 5년 전 지인으로부터 받은 시로 지인의 이름을 알지 못한 채 연락이 끊겼고 2000년도에 녹음실에서 기념 시디를 만들면서 원본을 몇 곳 수정하여 그 파일을 제 홈에 올리게 되었습니다. 이 시는 제가 가장 애착을 가지고 있는 시로 인터넷에서도 많은 사랑을 받고있는 낭송시입니다. 수정부분이 그대로인 채 박종화라는 이름으로 더 이상 퍼져서는 안 된다고 생각합니다. 만약 박종화라는 분이 진짜 작자라면 수정부분을 제게 제시해야 할 것입니다. (타인의 시를 그대로 또는 조금 수정하여 자신의 시인 것처럼 양심을 속이는 행태가 빈번한 요즘 원작자와 독자를 기만하는 행위는 더 이상 용납해서는 안 될 것입니다. 잘못된 정보가 바로 잡히도록 여러분들의 도움을 청합니다.)

- 낭송가 전향미 올림

　저의 낭송시 '천년사랑'에 대한 저의 견해입니다. 천년사랑은 저의 데

뷔작으로 오랫동안 많은 분들로부터 사랑을 받은 작품인데요. '천년사랑' 하면 '전향미'라고 할 정도로 저의 분신과 같은 작품이기도 합니다.

낭송시 '천년사랑'이 만들어지게 된 배경은 아는 지인으로부터 시를 받았고 분당의 한 스튜디오에서 녹음 완성되었답니다. 시 일부는 낭송하기 좋게 제가 편집했구요. 그후 그 지인은 연락두절 되었고 그 시의 작가가 그분인지 아니면 다른 분인지 아직도 밝히지 못하고 있던 중 몇 년 전부터 '월탄 박종화'라는 작가명으로 인터넷상에 올려져 있더라고요.

살펴보니 그분은 작고하신 분이던데... 그분의 작품인지 정확히 확인할 길이 없어 그 부분에 대해 자세히 아시는 분을 찾습니다.

지금 들어보면 완성도 면에서 많이 부끄럽지만 그래도 한때는 많은 분들의 사랑을 받았던 시라 제가 더 애착을 가지고 있나 봅니다.

천년사랑은 기타 시낭송에서 만나실 수 있습니다.

다음은 심산선생님께서 올리신 글을 추가합니다.
위 글에 대한 시원한 답변을 가지고 오셨네요. (2009년 12월 9일 현재)
〈심산〉
천년사랑에 답변을 주실 수 있는 그분의 독손자이신 박동건 교수께서 질의 한지 일 년 만에 답변을 보내 오셨답니다.
그 내용은 이러합니다. 참조하시기 바랍니다.

심산 선생님.

안녕하십니까. 날씨가 꽤 춥습니다. 문의하신 천년사랑은 제 조부님의 시가 아닌 것 같습니다. 생전시 발간된 시집에서 이 시를 찾을 수 없습니다. 또한 문체와 시어로 볼 때도 제 조부님의 작품이 아니라고 생각하고 있습니다. 이 밖의 다른 작품도 인터넷상에 제 조부님 작품으로 알려져 있지만 거의 모두 제 조부님 작품이 아닌 것으로 생각하고 있습니다.

- 박동건 드림. (인터넷에서 발췌. 다음 카페 '전향미의 시가 있는 꽃집')

조지훈 시인의 고향은 영양이고 그곳에는 '지훈 문학관'이 있다. 관장이신 양희 시인과도 몇 차례 통화하였다. '조지훈전집'을 편찬한 고려대 교수를 비롯하여 선생님의 제자이신 분들이 이 시는 조지훈 시인의 시가 아니라고 확언을 하였다고 하였다. 그리하여 논란의 소지 때문에 문학 행사 때 작품으로 쓰지를 못하고 있다고 안타까워하였다. 시풍은 다소 다르지만 대중들의 사랑을 받는 만큼 조지훈 선생님의 시였으면 좋겠다는 말씀도 덧붙였다.

지금이라도 늦지 않았다. 조지훈 시인을 더 이상 욕되게 하지 말자. 기존 발표된 시인의 작품성과 거리가 먼 작품을 그 분의 작품으로 둔갑시켜 그분의 작품 세계를 흔들어 놓지를 말기를 바란다. 그 분을 사랑하고 존경하는 의미에서라도 검증된 시인의 시 '思慕'라는 시를 그 분의 시로 낭송하자. '사모'라는 시는 작가가 밝혀지지 않는 만큼 '천년사랑'처럼 '작가미상'으로 하고, 조지훈 시인의 '思慕'를 시인의 작품으로 많이 애송하고 사랑하였으면 좋겠다.

만약에 조지훈 시인의 작품이라고 말하고 싶은 분이 있다면 시의 초고나 육필원고 또는 생전 발표한 잡지를 제시해야 할 것이다.

시인소개
조지훈 시인

1920년 12월 3일 경북 영양군 일월면 주곡리 주실 마을에서 태어났다. 본명은 조동탁, 1939년 "문장"지를 통하여 '고풍 의상', '승무', '봉황수' 등으로 정지용의 추천을 받아 등단하였다. 동양의 회고적 정신을 바탕으로 전통에의 향수, 민족의 한恨을 고전적 운율로 노래하였으며, 박두진, 박목월 등과 "청록집"(1946)을 간행하였다. 시집으로 "청록집"(공저), "풀잎 단장"(1952), "역사 앞에서"(1959), "여운"(1964) 등이 있다. 1968년 5월 17일 고혈압으로 토혈한 후 입원, 기관지 확장증으로 48세의 젊은 나이에 생을 마감하였다.

시의 이해

진정한 사랑은 마지막까지 최선을 다한 사랑이다. 비록 인연으로 맺어지지 못하더라도 '사랑을 다해 사랑하였노라고' 말할 수 있을 때 사랑은 부끄럽지 않다.

발음 연구

그어 : 어원 '긋:다'는 장음이지만 활용형 '그어'는 단음으로 발음된다.

장단음 연구
〈장음〉

다:해, 정:작, 말:이, 이:미, 사:람이, 멀:리로, 곱:스런, 오:선, 울:다가, 지:쳐, 영:원한, 알:고, 정:하신.

된소리, 거센소리, 예사소리
〈된소리〉

있었다-이썯따, 곱스런-곱:쓰런, 손가락-손까락, 외롭지-외롭찌,

조사 '의'의 발음

이 시에는 조사 '의'가 두 군데 있다.

'남의 사람이', '너와의 영원한 사랑'이다. - '남에 사람이', '너와에 영원한 사랑'보다는 '원표기 음가'인 '남의 사람이', '너와의 영원한 사랑'으로 낭송하는 것이 좋다.

띄어읽기와 끊어읽기

이 시는 작가가 '율행'으로 배열하여 특별히 주의해야 할 부분이 없다. '시행'에 따라 감정조절을 하면서 낭송하면 별 무리가 없다.

중요 낱말 및 시어 시구 풀이

다섯 손가락 끝을 잘라 핏물 오선 그어 - 음악의 악보.
미워서 미워지도록 사랑하리라 - 역설적으로 표현.

낭송의 실제

사모 / 작가미상.
- 사모 / 시 작가미상. 낭 : 송 ○○○.

　사랑을 다해 사랑하였노라고
　- 사랑을 다 : 해 사랑하연노라고
　정작 할 말이 남아 있음을 알았을 때
　- 정 : 작 할 마 : 리 나마 이쓰을 아라쓸 때
　당신은 이미 남의 사랑이 되어 있었다
　- 당시는 이 : 미 나믜(메) 사랑이 되어 이썯따
　불러야 할 뜨거운 노래를 가슴으로 죽이며
　- 불러야 할 뜨거운 노래를 가스므로 주기며
　당신은 멀리로 잃어지고 있었다
　- 당시는 멀 : 리로 이러지고 이썯따
　하마 곱스런 눈웃음이 사라지기 전
　- 하마 곱 : 쓰런 눈우스미 사라지기 전
　두고두고 아름다운 여인으로만 잊어달라지만
　- 두고두고 아름다운 여이느로만 이저달라지만
　남자에게 있어 여자란 기쁨 아니면 슬픔
　- 남자에게 이써 여자란 기쁨 아니면 슬픔
　다섯 손가락 끝을 잘라 핏물 오선 그어

- 다섯 손까락 끄틀 잘라 핀물 오ː선 그어

혼자라도 외롭지 않은 밤에 울어 보리라

　　- 혼자라도 외롭찌 아는 바메 우러 보리라

울다가 지쳐 멍든 눈흘김으로

　　- 울ː다가 지ː처 멍든 눈흘기므로

미워서 미워지도록 사랑하리라

　　- 미워서 미워지도록 사랑하리라

한 잔은 떠나버린 너를 위하여

　　- 한 자는 떠나버린 너를 위하여

또 한 잔은 이미 초라해진 나를 위하여

　　- 또 한 자는 이ː미 초라해진 나를 위하여

그리고 한 잔은 너와의 영원한 사랑을 위하여

　　- 그리고 한 자는 너와의(에) 영ː원한 사랑을 위하여

마지막 한 잔은 미리 알고 정하신

　　- 마지막 한 자는 미리 알ː고 정ː하신

하나님을 위하여

　　- 하나니믈 위하여

검증되지 않은 시의 낭송

　온라인 시대에 살다 보니, 한 사람의 잘못된 정보 하나가 삽시간에 수천, 수만의 사람들에게 전달된다. 인터넷이라는 매체는 쓰레기를 넣으

면 조금도 여과 없이 그대로 흘러나온다. 정상적인 글이 글자 몇 자의 고침으로 전혀 다른 사람의 글이 되기도 하고, 전혀 다른 뜻의 글이 되어 전파된다. 시낭송을 하는 행위는 고급예술의 한 장르로써 책임 있는 낭송이 전제되어야 한다. 낭송가 자신의 명예와 시를 발표한 시인의 인격을 떨어뜨리는 낭송을 하여서는 안 된다. 낭송하기 전에 시의 출처와 원문을 꼭 확인하고 낭송하는 자세가 필요할 때다. 품격 낮은 시의 낭송을 자제하고 시인의 시가 훼손되는 결례를 범하지 않는 낭송이 되기를 바란다.

[한 편의 시를 완벽하게 낭송하기 위해서 꼭 거쳐야 하는 정본 확인 작업]

한 편의 시를 완벽하게 낭송하기까지

1. 정본定本 확인 작업
1). 정본은, 시인이 생전에 수정·보완하여 마지막으로 발표한 시를 정본으로 보는 것이 타당하기 때문에 낭송을 하고자 하는 현시점에서 보면 언어의 차이, 맞춤법의 차이, 발음법의 차이 등으로 시가 다르게 해석될 수 있으므로 낭송인은 시에 대하여 세심한 검토가 필요하다. 시를 너무 현시점을 기준으로 이해하거나 현시점에 맞추어 고쳐서 낭송하게 되면 시가 가지고 있는 고유의 성격이 왜곡되기 쉽다.

　방언(사투리)이나 도구의 명칭이나 언어의 시대적 변화를 그대로 존중해주고 이해하는 것이 중요하므로 '정본'을 최대한 살리는 낭송을 하는 것이 좋다.

2). 시를 창작한 시기의 시대적 배경이 시를 낭송하는 현시점과 너무 동떨어질 때 시를 듣는 청자들로부터 호응을 받지 못하기 때문에 행사 때나 대회에 출전하는 낭송가는 시의 선택에 신중을 기하여야 한다.

3). '정본' 확인 작업은 꼭 지면을 통하여야 한다. 인터넷 매체를 통하여 확인을 할 경우 필자의 경험으로 90% 이상은 오류가 있었다. '연'이 틀리거나 '행'이 틀리거나 오타로 인하여 원본이 훼손된 경우가 대부분이기 때문에 꼭 시인의 시집이나 발표 문예지를 확보하여 확인하여야 한다. 특히 지도하는 교육자는 '지도를 받는 분들은 지도자의 가르침을 그대로 답습한다.'는 것을 잊지 말고 더욱더 '정본' 확보에 심혈을 기울여야 한다.
　시집의 원본도 가끔 오타가 있기에 발표된 지면이 여럿일 경우 이상하다고 생각되는 부분은 비교 분석해 보는 작업도 겸해야 한다.

4). '원본原本'과 '정본定本'의 이해
'원본'은 시집이나 문예지 또는 신문이나 잡지에 실린 그대로의 작품을 말한다. 즉 임의로 고치거나 수정이 되지 않은 발표한 그대로의 작품을 말한다. 다시 말해서 '원본'은 시인이 발표한 내용이 훼손되지 않은 상태의 작품을 말하므로 시낭송을 할 때는 '원본'을 어디서 발췌했는지 밝혀야 한다.

 '정본'은 시인이 시를 고쳐서 다시 발표하는 경우가 있는데 시인이 살아 계실 때 마지막 수정·보완하여 발표된 것을 '정본'으로 본다.
시인의 사후에 임의로 고쳐서 실은 모음집이나 전집은 '정본'으로 보기 어렵다.

이제 '사모/작가미상', '천년사랑/작가미상' 이라고 낭송하는 용기가 필요하다.

09 이생진의 「그리운 바다 성산포」

'조시組詩' 『그리운 바다 성산포 / 이생진』

'그리운 바다 성산포/이생진' 하면 한 번쯤은 낭송해 보거나 들어보았을 것이다. 워낙 유명한 작품이다 보니, 웬만히 시를 알거나 관심이 있는 분은 다 아는 시다.

그러나 이 시가 한 편의 시가 아니라 '한 시인의 여러 작품 중에서 옮겨와 한 편의 시처럼 엮은 「조시」'라는 것을 아는 분은 드물다.

그렇다 보니 낭송하는 분마다 내용이 다르고 포털 사이트 검색하면 내용이 다른 시들이 검색된다. 독자들은 혼란을 겪게 된다. 하지만 이 시가 81편의 시 중에서 서로 연결이 가능한 시를 짜깁기한 것이라면 금방 이해가 될 것이다. 많은 시 중에서 마음에 드는 작품 또는 부분을 가져와서 자연스럽게 연결되도록 이어서 만든 것이니, 여러 작품이 나올 수 있는 것이다.

시집의 이름이 '그리운 바다 성산포'이지만 시집 안에는 81개의 다른 제목이 존재한다. 그 제목은 생략한 채로 시집의 제목인 '그리운 바다 성산포'라는 제목을 붙여 낭송하는 것이다.

더 정확하게 말하면 81편의 시중에서 10편을 골라 한 편의 시처럼 만들어 낭송한 것이다. 쉽게 말하면 10편의 시를 순서 없이 연달아 낭송한 셈이다.

그래서 '그리운 바다 성산포'는 낭송하는 사람마다 다르다. 낭송자의 취향대로 묶어서 낭송하다 보니 '조시'에 대한 이해가 없는 낭송가는 이해하지 못하는 것이다. 시를 직접 쓴 이생진 시인의 낭송도 들어보면 우리가 귀에 익숙한 낭송과는 많이 다르다. 81편의 시를 모두 낭송한 낭송가도 있다.

그중에서 가장 많이 낭송되는 '그리운 바다 성산포(조시)'를 소개하고자 한다.

그리운 바다 성산포 / 이생진

살아서 고독했던 사람
그 사람 무덤이 차갑다
아무리 동백꽃이
불을 피워도
살아서 가난했던 사람
그 사람 무덤이 차갑다 - (고독한 무덤, 80번 시)
〉

나는 떼놓을 수 없는 고독과 함께

배에서 내리자마자

방파제에 앉아

술을 마셨다

해삼 한 토막에

소주 두 잔

이 죽일 놈의 고독은 취하지 않고

나만 등대 밑에서 코를 골았다   - (고독, 45번 시)

술에 취한 섬

물을 베고 잔다

파도가 흔들어도

그대로 잔다   - (낮잠, 53번 시)

저 섬에서

한 달만 살자

저 섬에서

한 달만

뜬 눈으로 살자

저 섬에서

한 달만

그리운 것이

없어질 때까지
뜬 눈으로 살자   - (무명도, 52번 시)

성산포에서는
바다를 그릇에
담을 순 없지만
뚫어진 구멍마다
바다가 생긴다
성산포에서는
뚫어진 그 사람의 허구에도
천연스럽게
바다가 생긴다   - (바다를 담을 그릇, 24번 시)

성산포에서는
사람은 절망을 만들고
바다는 절망을 삼킨다
성산포에서는
사람이 절망을 노래하고
바다가 그 절망을 듣는다   - (절망, 11번 시)

성산포에서는
한 사람도 죽는 일을

못 보겠다
온종일 바다를 바라보던
그 자세만이 아랫목에
눕고
성산포에서는
한 사람도 더
태어나는 일을 못 보겠다
있는 것으로 족한 존재
모두 바다를 보고 있는 고립
성산포에서는
주인을 모르겠다
바다 이외의
주인을 모르겠다   - (누가 주인인가, 20번 시)

바다는
마을 아이들의 손을 잡고
한나절을 정신없이 놀았다
아이들이 손을 놓고
돌아간 뒤
바다는 멍하니
마을을 보고 있었다
마을엔 빨래가 마르고

빈 집 개는
하품이 잦았다
밀감나무엔
게으른 윤기가 흐르고
저기 여인과 함께 탄
버스엔
덜컹덜컹 세월이 흘렀다 - (바다의 오후, 30번 시)

살아서 무더웠던 사람
죽어서 시원하라고
산 꼭대기에 묻었다

살아서 술 좋아하던 사람
죽어서 바다에 취하라고
섬 꼭대기에 묻었다

살아서 가난했던 사람
죽어서 실컷 먹으라고
보리밭에 묻었다

살아서 그리웠던 사람
죽어서 찾아가라고

짚신 두 짝 놔두었다 - (섬 묘지, 47번 시)

삼백육십오일
두고 두고 보아도
성산포 하나 다 보지 못하는 눈

육십 평생
두고 두고 사랑해도
다 사랑하지 못하고
또 기다리는 사람 - (삼백육십오일, 78번 시)

- 출처 : 시집 『그리운 바다 성산포』
 (우리글. 1판 1쇄. 2008. 8. 10. 6판 1쇄. 2018. 7. 23.)

원본 또는 정본 확인과정

 이 시는 낭송가들의 많은 사랑을 받고 있다. 하지만 행사 때마다 조금씩 다른 내용으로 낭송되어 이 시를 처음 접하는 이는 당황스러워한다. 그러나 이 시가 '조시'라는 것을 이해하면 금방 수긍하게 된다. 즉 연작시를 한 권의 시집으로 묶은 것이기 때문에 그 중 마음에 드는 부분만을 뽑아 낭송한 것이라고 이해하면 된다.
 시인의 시집을 구입하여 '원본'을 확인하였다.

참고본 또는 이본

시를 직접 쓴 시인이 낭송한 '그리운 바다 성산포' 총9편.

그리운 바다 성산포 / 이생진

아침 여섯 시
어느 동쪽에서도
그만한 태양은 솟는 법인데
유독 성산포에서만
해가 솟는다고 부산필 거야

아침 여섯 시
태양은 수 만 개
유독 성산포에서만
해가 솟는 것으로 착각하는 것은
무슨 이유인가
나와서 해를 보라
하나밖에 없다고 착각해 온
해를 보라 - 〈17.수많은 태양〉

일출봉에 올라 해를 본다

아무 생각 없이 해를 본다

해도 그렇게 나를 보다가

바다에 눕는다

일출봉에서 해를 보고 나니

달이 오른다

달도 그렇게 날 보더니

바다에 눕는다

해도 달도 바다에 눕고 나니

밤이 된다

하는 수 없이 나도

바다에 누워서

밤이 되어 버린다   - 〈65.낮에서 밤으로〉

성산포에서는

설교를 바다가 하고

목사는 바다를 듣는다

기도보다 더 잔잔한 바다

꽃보다 더 섬세한 바다

성산포에서는

사람보다 바다가 더

잘 산다 - 〈2.설교하는 바다〉
〉

성산포에서는
사람은 절망을 만들고
바다는 절망을 삼킨다
성산포에서는
사람이 절망을 노래하고
바다가 그 절망을 듣는다   - 〈11.절망〉

가장 살기 좋은 곳은
가장 죽기도 좋은 곳
성산포에서는
생과 사가 손을 놓지 않아
서로 떨어질 수 없다   - 〈9.생사〉

성산포에서는
남자가 여자보다
여자가 남자보다
바다에 가깝다
나는 내 말만 하고
바다는 제 말만 하며
술은 내가 마시는데
취하긴 바다가 취하고
성산포에서는

바다가 술에
더 약하다 - 〈12.술에 취한 바다〉

나는 떼놓을 수 없는 고독과 함께
배에서 내리자마자
방파제에 앉아
술을 마셨다
해삼 한 토막에
소주 두 잔
이 죽일 놈의 고독은 취하지 않고
나만 등대 밑에서 코를 골았다 - 〈45.고독〉

저 섬에서
한 달만 살자
저 섬에서
한 달만
뜬 눈으로 살자
저 섬에서
한 달만
그리운 것이
없어질 때까지
뜬 눈으로 살자 - 〈52.무명도無名島〉

〉
바다에서 돌아오면
가질 것이 무엇인가
바다에선 내가 부자였는데
바다에서 돌아오면
가질 것이 무엇인가
바다에선 내가 가질 것이
없었는데
날아가는 갈매기도
가진 것이 없었고
나도 바다에서
가진 것이 없었는데
바다에서 돌아가면
가질 것이 무엇인가 - 〈81.바다에서 돌아오면〉

- 시집 『그리운 바다 성산포』 (우리글. 1판 1쇄. 2008. 8. 10. 6판 1쇄. 2018. 7. 23.)

집시와 조시

집시集詩 : 한시漢詩에서 집구集句라고 하는 여러 시 중에서 좋은 구절들을 모아서 한 편의 시를 만드는 것에서 유래했다. 여러 시인의 시중에서 주제가 서로 통하는 시행들을 모아 낭송할 수 있다.

조시組詩 : 한 시인의 여러 시 중에서 주제에 맞는 시행을 모아 한 편의 시로 만들어 낭송할 수 있다.

　우리나라 조시 낭송은 김성우 선생님이 1987년 세 번째 '시인만세' 때 김소월의 여러 시행들을 이별의 주제로 조립하여 '시집·진달래꽃'이라는 제목 아래 배우 이호재와 김성녀가 공연하게 한 전례가 있다.

시인소개

이생진 시인

출생 : 1929년 10월 1일 충남 서산

저서 : 『그리운 바다 성산포』 『맹골도』 『내가 백석이 되어』
　　　『나는 피카소처럼』

수상 : 상화시인상 수상, 윤동주 문학상 수상.

시의 이해

　'그리운 바다 성산포'는 이생진 시인이 1에서 24까지는 1975년 여름에 성산포에서 쓴 것인데, 그해 10월에 동인시집 '다섯 사람의 분수'에 실었고, 25에서 81까지의 57편은 1978년 초봄 그곳에서 바다를 보며 정리한 것들이라고 한다.

발음 연구

'낭송의 실제' 참고.

장단음 연구
〈장음〉

사:람, 아:무리, 없:는, 해:삼, 두:, 취:하지, 베:고, 취:한 섬:, 섬:에서, 살:자, 없:어질, 없:지만, 사:람, 일:을, 못:, 온:종일, 눕:고, 모:르겠다, 이:외의, 뒤:, 멍:하니, 빈:, 개:는, 윤:기가, 세:월이, 좋:아하던, 취:하라고, 놔:두었다, 다:, 못:하는, 못:하고.

된소리, 거센소리, 예사소리
〈된소리〉

차갑다-차갑따, 가난했던-가난핻떤, 떼놓을 수-떼노을 쑤(쑤), 고독과-고독꽈, 마셨다-마셛따, 골았다-고랃따, 없어질-업:써질, 없지만-업:찌만, 천연스럽게-처년스럽께, 보겠다-보겓따, 눕고-눕:꼬, 모르겠다-모:르겓따, 잡고-잡꼬, 정신없이-정시넙씨, 놀았다-노랃따, 있었다-이썯따, 잦았다-자잗따, 윤기가-윤:끼가, 흘렀다-흘럳따, 무더웠던-무더웓떤, 꼭대기에-꼭때기에, 묻었다-무덛따, 그리웠던-그리웓떤, 놔두었다-놔:두얻따, 삼백육십오일-삼뱅뉵씨보일, 육십-육씹.

〈거센소리〉

고독했던-고도캗떤, 않고-안코, 족한-조칸, 놓고-노코, 못하는-모:타는, 못하고-모:타고.

조사 '의'의 발음
이 시에는 아래와 같이 조사 '의'가 나온다.

'이 죽일 놈의 고독은 취하지 않고'

'뚫어진 그 사람의 허구에도'

'바다 이외의'

'마을 아이들의 손을 잡고'

'에'로 발음하여도 무방하나 어디까지나 허용일 뿐이니, '의'로 발음하였으면 한다.

낭송의 실제

그리운 바다 성산포 / 시 이생진

- 그리운 바다 성산포 / 시 이생진. 낭:송 ○○○.

살아서 고독했던 사람

- 사라서 고도캘떤 사:람

그 사람 무덤이 차갑다

- 그 사:람 무더미 차갑따

아무리 동백꽃이

- 아:무리 동백꼬치

불을 피워도

- 부를 피워도

살아서 가난했던 사람

- 사라서 가난핻떤 사:람

그 사람 무덤이 차갑다 - (고독한 무덤, 80번 시)
- 그 사:람 무더미 차갑따

나는 떼놓을 수 없는 고독과 함께
- 나는 떼노을 수(쑤) 엄:는 고독꽈 함께
배에서 내리자마자
- 배에서 내리자마자
방파제에 앉아
- 방파제에 안자
술을 마셨다
- 수를 마션따
해삼 한 토막에
- 해:삼 한 토마게
소주 두 잔
- 소주 두: 잔
이 죽일 놈의 고독은 취하지 않고
- 이 주길 노믜(메) 고도근 취:하지 안코
나만 등대 밑에서 코를 골았다 - (고독, 45번 시)
- 나만 등대 미테서 코를 고랃따

술에 취한 섬
- 수레 취:한 섬:

물을 베고 잔다
- 무를 베:고 잔다
파도가 흔들어도
- 파도가 흔드러도
그대로 잔다   - (낮잠, 53번 시)
- 그대로 잔다

저 섬에서
- 저 서:에서
한 달만 살자
- 한 달만 살:자
저 섬에서
- 저 서:에서
한 달만
- 한 달만
뜬 눈으로 살자
- 뜬 누느로 살:자
저 섬에서
- 저 서:에서
한 달만
- 한 달만
그리운 것이

- 그리운 거시

없어질 때까지

- 업ː써질 때까지

뜬 눈으로 살자   - (무명도, 52번 시)

- 뜬 누느로 살ː자

성산포에서는

- 성산포에서는

바다를 그릇에

- 바다를 그르세

담을 순 없지만

- 다믈 순 업ː찌만

뚫어진 구멍마다

- 뚜러진 구멍마다

바다가 생긴다

- 바다가 생긴다

성산포에서는

- 성산포에서는

뚫어진 그 사람의 허구에도

- 뚜러진 그 사ː라믜(메) 허구에도

천연스럽게

- 처년스럽께

바다가 생긴다   - (바다를 담을 그릇, 24번 시)
- 바다가 생긴다

성산포에서는
- 성산포에서는
사람은 절망을 만들고
- 사ː라믄 절망을 만들고
바다는 절망을 삼킨다
- 바다는 절망을 삼킨다
성산포에서는
- 성산포에서는
사람이 절망을 노래하고
- 사ː라미 절망을 노래하고
바다가 그 절망을 듣는다   - (절망, 11번 시)
- 바다가 그 절망을 듣는다

성산포에서는
- 성산포에서는
한 사람도 죽는 일을
- 한 사ː람도 죽는 이ː를
못 보겠다
- 몯ː 보겓따

온종일 바다를 바라보던

- 온:종일 바다를 바라보던

그 자세만이 아랫목에

- 그 자세마니 아랜모게

눕고

- 눕:꼬

성산포에서는

- 성산포에서는

한 사람도 더

- 한 사:람도 더

태어나는 일을 못 보겠다

- 태어나는 이:를 몯: 보겓따

있는 것으로 족한 존재

- 인는 거스로 조칸 존재

모두 바다를 보고 있는 고립

- 모두 바다를 보고 인는 고립

성산포에서는

- 성산포에서는

주인을 모르겠다

- 주이늘 모:르겓따

바다 이외의

- 바다 이:외의(에)

주인을 모르겠다 - (누가 주인인가, 20번 시)
- 주이늘 모:르겓따

바다는
- 바다는
마을 아이들의 손을 잡고
- 마을 아이드리(레) 소늘 잡꼬
한나절을 정신없이 놀았다
- 한나저를 정시넙씨 노랃따
아이들이 손을 놓고
- 아이드리 소늘 노코
돌아간 뒤
- 도라간 뒤:
바다는 멍하니
- 바다는 멍:하니
마을을 보고 있었다
- 마으를 보고 이썯따
마을엔 빨래가 마르고
- 마으렌 빨래가 마르고
빈 집 개는
- 빈: 집 개:는
하품이 잦았다

- 하푸미 자잗따

밀감나무엔

- 밀감나무엔

게으른 윤기가 흐르고

- 게으른 윤:끼가 흐르고

저기 여인과 함께 탄

- 저기 여인과 함께 탄

버스엔

- 버스엔

덜컹덜컹 세월이 흘렀다   - (바다의 오후, 30번 시)

- 덜컹덜컹 세:워리 흘럳따

살아서 무더웠던 사람

- 사라서 무더월떤 사:람

죽어서 시원하라고

- 주거서 시원하라고

산 꼭대기에 묻었다

- 산 꼭때기에 무덛따

살아서 술 좋아하던 사람

- 사라서 술 조:아하던 사:람

죽어서 바다에 취하라고

- 주거서 바다에 취ː하라고

섬 꼭대기에 묻었다

- 섬ː 꼭때기에 무덛따

살아서 가난했넌 사람

- 사라서 가난핻떤 사ː람

죽어서 실컷 먹으라고

- 주거서 실컫 머그라고

보리밭에 묻었다

- 보리바테 무덛따

살아서 그리웠던 사람

- 사라서 그리웓떤 사ː람

죽어서 찾아가라고

- 주거서 차자가라고

짚신 두 짝 놔두었다 - (섬 묘지, 47번 시)

- 집씬 두ː 짝 놔ː두얻따

삼백육십오일

- 삼뱅뉵씨보일

두고 두고 보아도

- 두고 두고 보아도

성산포 하나 다 보지 못하는 눈

- 성산포 하나 다ː 보지 모ː타는 눈

육십 평생

- 육씹 평생

두고 두고 사랑해도

- 두고 두고 사랑해도

다 사랑하지 못하고

- 다ː 사랑하지 모ː타고

또 기다리는 사람   - (삼백육십오일, 78번 시)

- 또 기다리는 사ː람

10 박규리의 「치자꽃 설화」

치자꽃 설화 / 박규리

사랑하는 사람을 달래 보내고
돌아서 돌계단을 오르는 스님 눈가에
설운 눈물 방울 쓸쓸히 피는 것을
종각 뒤에 몰래 숨어 보고야 말았습니다
아무도 없는 법당문 하나만 열어놓고
기도하는 소리가 빗물에 우는 듯 들렸습니다
밀어내던 가슴은 못이 되어 오히려
제 가슴을 아프게 뚫는 것인지
목탁소리만 저 홀로 바닥을 뒹굴다
끊어질 듯 이어지곤 하였습니다
여자는 돌계단 밑 치자꽃 아래
한참을 앉았다 일어서더니
오늘따라 가랑비 엷게 듣는 소리와
짝을 찾는 쑥꾹새 울음소리 가득한 산길을

휘청이며 떠내려가는 것이었습니다
나는 멀어지는 여자의 젖은 어깨를 보며
사랑하는 일이야말로
가장 어려운 일인 줄 알 것 같았습니다
한번도 그 누구를 사랑한 적 없어서
한번도 사랑받지 못한 사람이야말로
가장 가난한 줄도 알 것 같았습니다
떠난 사람보다 더 섧게만 보이는 잿빛 등도
저물도록 독경소리 그치지 않는 산중도 그만 싫어
나는 괜시리 내가 버림받은 여자가 되어
버릴수록 더 깊어지는 산길에 하염없이 앉았습니다

- 시집 『이 환장할 봄날에』 (창비, 2004.2.15.) (2012년 초판 6쇄). 24-25쪽.

원본 확인 과정
시인의 시집 『이 환장할 봄날에』를 구입하여 원본을 비교 분석하였다.

참고본 또는 이본
비교 대조해야 할 내용이 없어 생략한다.

시인소개

박규리 시인

출생 : 1960년, 서울

경력 : 동국대 겸임 교수, 시집『이 환장할 봄날에』

시의 이해

스님들을 보면 뭔가 사연이 많을 것만 같다. 박규리 시인도 절에서 어느 스님의 이별을 목격했나 보다. 몰래 본 그 모습은 곧 자신과 동화되어 아픔을 같이 앓는다.

발음 연구

'낭송의 실제' 참고.

장단음 연구

〈장음〉

치ː자꽃, 사ː람을, 돌ː계단을, 설ː운, 뒤ː에 몰ː래, 아ː무도, 없ː는, 우ː는, 엷ː게, 멀ː어지는, 일ː이야말로, 일ː인, 알ː, 없ː어서, 못ː하는, 사ː람이야말로, 사ː람보다, 섧ː게만, 괜ː시리.

된소리, 거센소리, 예사소리

〈된소리〉

눈가에-눈까에, 말았습니다-마랄씀니다, 법당문-법땅문, 들렸씁니다-들렫씀니다, 목탁소리만-목탁쏘리만, 끊어질 듯 하였습니다-끄너질 듣(뜯) 하엳씀니다, 앉았다-안잗따, 엷게-열:께, 쑥꾹새-쑥꾹쌔, 울음소리-우름쏘리, 산길을-산끼를, 것이었습니다-거시얻씀니다, 알 것 같았습니다-알:걷(껃) 가탇씀니다, 없어서-업:써서, 사랑받지-사랑받찌, 섧게만-설:께만, 잿빛-재삗, 독경소리-독꼉소리, 산길에-산끼레, 앉았습니다-안잗씀니다.

⟨거센소리⟩
열어놓고-여러노코, 가득한-가드칸, 못한-모:탄,

조사 '의'의 발음
이 시에는 조사 '의'가 단 한 곳에 있다.
  '나는 멀어지는 여자의 젖은 어깨를 보며'
'에'로 발음하여도 별문제가 없다.

띄어읽기와 끊어읽기
특별히 유의하여야할 곳이 없다.

중요 낱말 및 시어 시구 풀이
종각鐘閣 : 큰 종을 달아 두기 위하여 지은 누각.
종탑鐘塔 : 1. 꼭대기에 종을 매달아 치도록 만든 탑.
       2. 이탈리아 교회 건축에서, 교회당의 옆에 세워서 종을 매

다는 탑.

낭송의 실제

치자꽃 설화 / 박규리

- 치:자꼳 설화 / 시 박규리. 낭:송 ○○○.

사랑하는 사람을 달래 보내고
- 사랑하는 사:라믈 달래 보내고

돌아서 돌계단을 오르는 스님 눈가에
- 도라서 돌:계(게)다늘 오르는 스님 눈까에

설운 눈물 방울 쓸쓸히 피는 것을
- 서:룬 눈물 방울(눈물빵울) 쓸쓸히 피는 거슬

종각 뒤에 몰래 숨어 보고야 말았습니다
- 종각 뒤:에 몰:래 수머 보고야 마랃씀니다

아무도 없는 법당문 하나만 열어놓고
- 아:무도 엄:는 법땅문 하나만 여러노코

기도하는 소리가 빗물에 우는 듯 들렸습니다
- 기도하는 소리가 빈무레 우:는 듣 들렫씀니다

밀어내던 가슴은 못이 되어 오히려
- 미러내던 가스믄 모시 되어 오히려

제 가슴을 아프게 뚫는 것인지

- 제 가슴을 아프게 뚫른 거신지

목탁소리만 저 홀로 바닥을 뒹굴다

- 목탁쏘리만 저 홀로 바다글 뒹굴다

끊어질 듯 이어지곤 하였습니다

- 끄너질 드(뜯) 이어지곤 하엳씀니다

여자는 돌계단 밑 치자꽃 아래

- 여자는 돌ː계(게)단 믿 치ː자꼳 아래

한참을 앉았다 일어서더니

- 한차믈 안잗따 이러서더니

오늘따라 가랑비 엷게 듣는 소리와

- 오늘따라 가랑비 열ː께 든는 소리와

짝을 찾는 쑥꾹새 울음소리 가득한 산길을

- 짜글 찬는 쑥꾹쌔 우름쏘리 가드칸 산끼를

휘청이며 떠내려가는 것이었습니다

- 휘청이며 떠내려가는 거시얻씀니다

나는 멀어지는 여자의 젖은 어깨를 보며

- 나는 머ː러지는 여자의(에) 저즌 어깨를 보며

사랑하는 일이야말로

- 사랑하는 이ː리야말로

가장 어려운 일인 줄 알 것 같았습니다

- 가장 어려운 이ː린 줄 알ː 걷(껃) 가탇씀니다

한번도 그 누구를 사랑한 적 없어서

- 한번도 그 누구를 사랑한 적 업:써서

한번도 사랑받지 못한 사람이야말로

- 한번도 사랑받찌 모:탄 사:라미야말로

가장 가난한 줄도 알 것 같았습니다

- 가장 가난한 줄도 알: 껃 가탇씀니다

떠난 사람보다 더 섧게만 보이는 잿빛 등도

- 떠난 사:람보다 더 설:께만 보이는 재삗 등도

저물도록 독경소리 그치지 않는 산중도 그만 싫어

- 저물도록 독꼉소리(독꼉쏘리) 그치지 안는 산중도 그만 시러

나는 괜시리 내가 버림받은 여자가 되어

- 나는 괜:시리 내가 버림바든 여자가 되어

버릴수록 더 깊어지는 산길에 하염없이 앉았습니다

- 버맇쑤록 더 기퍼지는 산끼레 하여멉씨 안잗씀니다

145

11 정호승의 「연어」

연어 / 정호승

바다를 떠나 너의 손을 잡는다
사람의 손에게 이렇게
따뜻함을 느껴본 것이 그 얼마 만인가
거친 폭포를 뛰어넘어
강물을 거슬러올라가는 고통이 없었다면
나는 단지 한 마리 물고기에 불과했을 것이다
누구나 먼 곳에 있는 사람을 사랑하기는 쉽지 않다
누구나 가난한 사람을 사랑하기는 쉽지 않다
그동안 바다는 너의 기다림 때문에 항상 깊었다
이제 나는 너에게 가장 가까이 다가가 산란을 하고
죽음이 기다리는 강으로 간다
울지 마라
인생을 눈물로 가득 채우지 마라
사랑하기 때문에 죽음은 아름답다

오늘 내가 꾼 꿈은 네가 꾼 꿈의 그림자일 뿐
너를 사랑하고 죽으러 가는 한낮
숨은 별들이 고개를 내밀고 총총히 우리를 내려다본다
이제 곧 마른 강바닥에 나의 은빛 시체가 떠오르리라
배고픈 별빛들이 오랜만에 나를 포식하고
웃음을 터뜨리며 밤을 밝히리라

- 정호승 시선집『내가 사랑하는 사람』(열림원, 개정판 2010. 11. 16), 82~83쪽.

원본 확인과정

정호승 시인의 시선집『내가 사랑하는 사람』에서 발췌.

참고본 또는 이본

연어 / 정호승

바다를 떠나 너의 손을 잡는다
사람의 손에게 이렇게
따뜻함을 느껴본 것이 그 얼마 만인가
거친 폭포를 뛰어넘어
강물을 거슬러올라가는 고통이 없었다면

나는 단지 한 마리 물고기에 불과했을 것이다

누구나 먼 곳에 있는 사람을 사랑하기는 쉽지 않다

누구나 가난한 사람을 사랑하기는 쉽지 않다

그동안 바다는 너의 기다림 때문에 항상 깊었다

이제 나는 너에게 가장 가까이 다가가 산란을 하고

죽음이 기다리는 강으로 간다

울지 마라

인생을 눈물로 가득 채우지 마라

사랑하기 때문에 죽음은 아름답다

오늘 내가 꾼 꿈은 네가 꾼 꿈의 그림자일 뿐

너를 사랑하고 죽으러 가는 한낮

숨은 별들이 고개를 내밀고 총총히 우리를 내려다본다

이제 곧 마른 강바닥에 나의 은빛 시체가 떠오르리라

배고픈 별빛들이 오랜만에 나를 포식하고

웃음을 <u>떠뜨리며</u> 밤을 밝히리라

- 시집 『사랑하다가 죽어버려라』(창비, 초판 26쇄 발행 2005. 10.28.24쪽).
  최초 발행은 2003년 12월.

연어 / 정호승

길이 아니면 가지 않으리라
가지 않으면 길이 아니리라
당신이 기다리는 강가의 갈대숲
젊은 나룻배 한척 외로이 떠 있는
그 길이 아니면 떠나지 않으리라
산란을 마치고 죽은 어머니를 위해
내 비록 꽃상여 하나 마련해드리지 못했으나
난류의 숲길을 따라
강한 바다의 바람 소리를 헤치고
내 어머니처럼 어머니가 되기 위하여
머나먼 대륙의 강으로 길 떠나리라
견딜 수 없으면 기다릴 수 없으므로
기다릴 수 없으면 사랑할 수 없으므로
내 비록 배고픈 물고기들에게
온몸의 심장이 다 뜯길지라도
당신이 기다리는 강기슭
붉은 달이 뜨면 사람들이 가끔 찾아와
한줌 재를 뿌리고 묵묵히 돌아가는
그곳에 다다라 눈물을 뿌리리라

- 시집 『당신을 찾아서』 (창비, 2020. 1. 10)

시인소개

정호승 시인

출생 : 1950년 1월 3일, 경남 하동군

학력 : 경희대학교 대학원 국문학 석사

데뷔 : 대한일보 신춘문예 등단

수상 : 1989. 제3회 소월시문학상

시의 이해

종족을 퍼뜨리는 일에 목숨을 거는 것은 식물이나 동물이나 마찬가지이다.

성스럽기까지 한 이 행위는 무어라 언어로 표현할 수 없다.

발음 연구

'낭송의 실제 참고.

장단음 연구

〈장음〉

사:람의, 없:었다면, 단:지, 먼:, 사:람을, 쉽:지, 산:란을, 울:지, 마:라, 그:림자일 뿐, 별:들이, 내:밀고, 시:체가, 별:빛들이, 포:식하고, 터:뜨리고.

된소리, 거센소리, 예사소리

〈된소리〉

없었다면-업:썬따면, 물고기에-물꼬기에, 것이다-꺼시다, 쉽지-쉽:찌, 깊었다-기펃따, 아름답다-아름답따, 강바닥에-강빠다게, 은빛-은삗, 별빛들이-별:삗뜨리.

〈거센소리〉

이렇게-이러케, 따뜻함을-따뜨타믈, 않다-안타, 포식하고-포시카고, 밝히리라-발키리라.

조사 '의'의 발음

이 시에는 아래와 같이 조사 '의'가 있다.

　'바다를 떠나 너의 손을 잡는다'
　'사람의 손에게 이렇게'
　'그동안 바다는 너의 기다림 때문에 항상 깊었다'
　'오늘 내가 꾼 꿈은 네가 꾼 꿈의 그림자일 뿐'
　'이제 곧 마른 강바닥에 나의 은빛 시체가 떠오르리라'

'에'로 발음하여도 관계없으나 '의'로 발음할 것을 권한다.

띄어읽기와 끊어읽기

특별히 유의하여야 할 부분이 없다.

인터넷상의 오류들

손에게 → 손에서
따뜻함을 → 따듯함을

느껴본 것이 → 느껴보는 것이

한 마리 → 한 마리의

죽으러 → 죽으로

배고픈 별빛들이 → 배고픈 별들이

터뜨리며 → 터트리며

중요 낱말 및 시어 시구 풀이
이해하기 어렵거나 주석을 달아야 할 내용이 없다.

낭송의 실제

연어 / 정호승.

– 여너 / 정호승. 낭ː송 ○○○.

바다를 떠나 너의 손을 잡는다

– 바다를 떠나 너의(에) 소늘 잡는다

사람의 손에게 이렇게

– 사ː라믜(메) 소네게 이러케

따뜻함을 느껴본 것이 그 얼마 만인가

– 따뜨타믈 느껴본 거시 그 얼마 마닌가

거친 폭포를 뛰어넘어

– 거친 폭포를 뛰어너머

강물을 거슬러올라가는 고통이 없었다면

- 강무를 거슬러올라가는 고통이 업:썯따면

나는 단지 한 마리 물고기에 불과했을 것이다

- 나는 단:지 한 마리 물꼬기에 불과해쓸 거시다(꺼시다)

누구나 먼 곳에 있는 사람을 사랑하기는 쉽지 않다

- 누구나 먼: 고세 인는 사:라믈 사랑하기는 쉽:찌 안타

누구나 가난한 사람을 사랑하기는 쉽지 않다

- 누구나 가난한 사:라믈 사랑하기는 쉽:찌 안타

그동안 바다는 너의 기다림 때문에 항상 깊었다

- 그동안 바다는 너의(에) 기다림 때무네 항상 기펃따

이제 나는 너에게 가장 가까이 다가가 산란을 하고

- 이제 나는 너에게 가장 가까이 다가가 살:라늘 하고

죽음이 기다리는 강으로 간다

- 주그미 기다리는 강으로 간다

울지 마라

- 울:지 마:라

인생을 눈물로 가득 채우지 마라

- 인생을 눈물로 가득 채우지 마:라

사랑하기 때문에 죽음은 아름답다

- 사랑하기 때무네 주그믄 아름답따

오늘 내가 꾼 꿈은 네가 꾼 꿈의 그림자일 뿐

- 오늘 내가 꾼 꾸믄 네가 꾼 꾸믜(메) 그:림자일 뿐

너를 사랑하고 죽으러 가는 한낮

– 너를 사랑하고 주그러 가는 한낟

숨은 별들이 고개를 내밀고 총총히 우리를 내려다본다

– 수믄 별:드리 고개를 내:밀고 총총히 우리를 내려다본다

이제 곧 마른 강바닥에 나의 은빛 시체가 떠오르리라

– 이제 곧 마른 강빠다게 나의(에) 은삗 시:체가 떠오르리라

배고픈 별빛들이 오랜만에 나를 포식하고

– 배고픈 별:삗뜨리 오랜마네 나를 포:시카고

웃음을 터뜨리며 밤을 밝히리라

– 우스믈 터:뜨리며 바믈 발키리라

12 문병란의 「희망가」

희망가 / 문병란

얼음장 밑에서도
고기는 헤엄을 치고
눈보라 속에서도
매화는 꽃망울을 튼다.

절망 속에서도
삶의 끈기는 희망을 찾고
사막의 고통 속에서도
인간은 오아시스의 그늘을 찾는다.

눈 덮인 겨울의 밭고랑에서도
보리는 뿌리를 뻗고
마늘은 빙점에서도
그 매운 맛 향기를 지닌다.

〉
절망은 희망의 어머니
고통은 행복의 스승
시련 없이 성취는 오지 않고
단련 없이 명검은 날이 서지 않는다.

꿈꾸는 자여, 어둠 속에서
멀리 반짝이는 별빛을 따라
긴 고행 길 멈추지 말라
인생항로
파도는 높고
폭풍우 몰아쳐 배는 흔들려도
한 고비 지나면
구름 뒤 태양은 다시 뜨고
고요한 뱃길 순항의 내일이 꼭 찾아온다.

- 문병란 시선집.『장난감이 없는 아이들』(인간과문학사, 2015. 4. 08) 88~89쪽.

원본 확인 과정

문병란 시선집.『장난감이 없는 아이들』에서 발췌.

참고본 또는 이본

희망가 / 문병란

얼음장 밑에서도
고기는 헤엄을 치고
눈보라 속에서도
매화는 꽃망울을 튼다.

절망 속에서도
삶의 끈기는 희망을 찾고
사막의 고통 속에서도
인간은 오아시스의 그늘을 찾는다.

눈 덮인 겨울의 밭고랑에서도
보리는 뿌리를 뻗고
마늘은 빙점에서도
그 매운맛 향기를 지닌다.

절망은 희망의 어머니
고통은 행복의 스승
시련 없이 성취는 오지 않고

단련 없이 명검은 날이 서지 않는다.

꿈꾸는 자여, 어둠 속에서
멀리 반짝이는 별빛을 따라
긴 고행길 멈추지 말라
인생 항로
파도는 높고
폭풍우 몰아쳐 배는 흔들려도
한 고비 지나면
구름 뒤 태양은 다시 뜨고
고요한 뱃길 순항의 내일이 꼭 찾아온다.

- 문병란의 육필시집 『법성포 여자』 (지식을만드는지식, 2012. 1. 10)

희망가 / 문병란

얼음장 밑에서도
고기는 헤엄을 치고
눈보라 속에서도
매화는 꽃망울을 튼다
〉

절망 속에서도
삶의 끈기는 희망을 찾고
사막의 고통 속에서도
인간은 오아시스의 그늘을 찾는다.

눈 덮인 겨울의 밭고랑에서도
보리는 뿌리를 뻗고
마늘은 빙점에서도
그 매운 맛 향기를 지닌다.

절망은 희망의 어머니
고통은 행복의 스승
시련 없이 성취는 오지 않고
단련 없이 명검은 날이 서지 않는다.

꿈꾸는 자여, 어둠 속에서
멀리 반짝이는 별빛을 따라
긴 고행 길 멈추지 말라
인생항로
파도는 높고
폭풍우 몰아쳐 배는 흔들려도
한 고비 지나면

구름 뒤 태양은 다시 뜨고
고요한 뱃길 순항의 내일이 꼭 찾아온다.

- 문병란의 대표시선 『내게 길을 묻는 사랑이여』
 (제1회 박인환 시문학상 수상집) (모던, 2009. 10. 3)

시인소개

문병란 시인

출생 : 1935. 3. 28. 전라남도 화순

사망 : 2015. 9. 25.

학력 : 조선대학교 국문학 학사

수상 : 2010년 낙동강문학상

　　　2009년 제1회 박인환 시문학상

　　　2000년 제1회 광주광역시 문화예술상

경력 : 민주교육실천협의회 국민운동본부 대표

　　　민족문학작가회의 이사

작품 : 작품도서 41건

시의 이해

　아무리 힘들고 고통스러운 시련이 있어도 '희망'을 잃지 않으면 '구름 뒤 태양은 다시 뜨고 //고요한 뱃길 순항의 내일이 꼭 찾아온다.'는 메시지를 담고 있다.

발음 연구
'낭송의 실제' 참고.

장단음 연구
〈장음〉

눈ː보라, 속ː에서도, 삶ː의, 눈ː, 행ː복의, 시ː련, 없ː이, 멀ː리, 별ː빛을, 긴ː, 뒤ː, 순ː항의.

된소리, 거센소리, 예사소리
〈된소리〉

얼음장-어름짱, 찾고-찯꼬, 밭고랑에서도-받꼬랑에서도, 뻗고-뻗꼬, 빙점에서도-빙쩌메서도, 없이-업ː씨, 별빛을-별ː삐츨, 높고-놉꼬, 뱃길-배낄.

〈거센소리〉

않고-안코,

조사 '의'의 발음
이 시에서 조사 '의'의 발음은 총 7개이다.

　　'삶의 끈기는 희망을 찾고'
　　'사막의 고통 속에서도'

'눈 덮인 겨울의 밭고랑에서도'를 '에'로 발음하고 띄어 읽기를 잘못 하면 '눈 덮인 겨울에'라는 시간적인 표현으로 바뀌어 버린다.

'절망은 희망의 어머니'

'고통은 행복의 스승'

'순항의 내일이 꼭 찾아온다'는 '순조로운 내일이 온다'라는 뜻인데, '순항에 내일이 꼭 찾아온다'로 낭송하면 '순항이어서 내일이 온다' 가 된다.

이처럼 조사 '의'의 발음에 따라 의미가 다르게 느껴진다.

띄어읽기와 끊어읽기

이 시는 율행을 염두에 두고 배열된 시지만 아래 3행은 꼭 '시행'대로 낭송하여야 한다,

'꿈꾸는 자여, 어둠 속에서

멀리 반짝이는 별빛을 따라

긴 고행 길 멈추지 말라'

'멀리 반짝이는 별빛을 따라'를 강조하기 위하여 배열한 것이다.

인터넷상의 오류들

긴 고행 길 멈추지 말라(○) → 마라(X)

겨울의 밭고랑에서도 → 밭고랑에서

중요 낱말 및 시어 시구 풀이

시의 내용을 해칠만한 시구나 시어가 없다.

낭송의 실제

희망가 / 문병란.

- 히망가 / 시 문병란. 낭ː송 ○○○.

얼음장 밑에서도
- 어름짱 미테서도

고기는 헤엄을 치고
- 고기는 헤어믈 치고

눈보라 속에서도
- 눈ː보라 소ː게서도

매화는 꽃망울을 튼다.
- 매화는 꼰망우를 튼다.

절망 속에서도
- 절망 소ː게서도

삶의 끈기는 희망을 찾고
- 살ː믜(메) 끈기는 히망을 찯꼬

사막의 고통 속에서도

163

- 사마긔(게) 고통 소ː게서도

인간은 오아시스의 그늘을 찾는다.

- 인가는 오아시스의(에) 그느를 찬는다.

눈 덮인 겨울의 밭고랑에서도

- 눈ː 더핀 겨우릐(에) 받꼬랑에서도

보리는 뿌리를 뻗고

- 보리는 뿌리를 뻗꼬

마늘은 빙점에서도

- 마느른 빙쩌메서도

그 매운 맛 향기를 지닌다.

- 그 매운 맏 향기를 지닌다.

절망은 희망의 어머니

- 절망은 히망의(에) 어머니

고통은 행복의 스승

- 고통은 행ː보긔(게) 스승

시련 없이 성취는 오지 않고

- 시ː련 업ː씨 성취는 오지 안코

단련 없이 명검은 날이 서지 않는다.

- 달련 업ː씨 명거은 나리 서지 안는다.

〉

꿈꾸는 자여, 어둠 속에서
- 꿈꾸는 자여, 어둠 소ː게서

멀리 반짝이는 별빛을 따라
- 멀ː리 반짜기는 별ː삐츨 따라

긴 고행 길 멈추지 말라
- 긴ː 고행 길(고행 낄) 멈추지 말ː라

인생항로
- 인생항노

파도는 높고
- 파도는 놉꼬

폭풍우 몰아쳐 배는 흔들려도
- 폭풍우 모라처 배는 흔들려도

한 고비 지나면
- 한 고비 지나면

구름 뒤 태양은 다시 뜨고
- 구름 뒤ː 태양은 다시 뜨고

고요한 뱃길 순항의 내일이 꼭 찾아온다.
- 고요한 배낄(밷낄) 순ː항의(에) 내이리 꼭 차자온다.

13 박경리의 「옛날의 그 집」

옛날의 그 집 / 박경리

비자루병에 걸린 대추나무 수십 그루가
어느 날 일시에 죽어자빠진 그 집
십오 년을 살았다

빈 창고같이 횅뎅그렁한 큰 집에
밤이 오면 소쩍새와 쑥꾹새가 울었고
연못의 맹꽁이는 목이 터져라 소리 지르던
이른 봄
그 집에서 나는 혼자 살았다

다행이 뜰은 넓어서
배추 심고 고추 심고 상추 심고 파 심고
고양이들과 함께
정붙이고 살았다

〉
달빛이 스며드는 차가운 밤에는
이 세상의 끝의 끝으로 온 것 같이
무섭기도 했지만
책상 하나 원고지, 펜 하나가
나를 지탱해주었고
사마천을 생각하며 살았다

그 세월, 옛날의 그 집
그랬지 그랬었지
대문 밖에서는
늘
짐승들이 으르렁거렸다
늑대도 있었고 여우도 있었고
까치독사 하이에나도 있었지
모진 세월 가고
아아 편안하다 늙어서 이리 편안한 것을
버리고 갈 것만 남아서 참 홀가분하다

- 출처 :《현대문학》2008년 4월호.

원본 또는 정본 확인과정

시인이 생전에 발표한 문예지의 원본과 사후에 발간된 시집이 달라 두 시집을 비교 분석하여 수록하였다.

참고본 또는 이본

옛날의 그 집 / 박경리

빗자루병에 걸린 대추나무 수십 그루가
어느 날 일시에 죽어 자빠진 그 집
십오 년을 살았다

빈 창고같이 휑덩그레한 큰 집에
밤이 오면 소쩍새와 쑥꾹새가 울었고
연못의 맹꽁이는 목이 터져라 소리 지르던
이른 봄
그 집에서 나는 혼자 살았다

다행히 뜰은 넓어서
배추 심고 고추 심고 상추 심고 파 심고
고양이들과 함께
정붙이고 살았다

〉
달빛이 스며드는 차거운 밤에는
이 세상 끝의 끝으로 온 것 같이
무섭기도 했지만
책상 하나 원고지, 펜 하나가
나를 지탱해 주었고
사마천을 생각하며 살았다

그 세월, 옛날의 그 집
나를 지켜 주는 것은
오로지 적막뿐이었다
그랬지 그랬었지
대문 밖에서는
늘
짐승들이 으르렁거렸다
늑대도 있었고 여우도 있었고
까치독사 하이에나도 있었지
모진 세월 가고
아아 편안하다 늙어서 이리 편안한 것을
버리고 갈 것만 남아서 참 홀가분하다

- 박경리의 시집 『버리고 갈 것만 남아서 참 홀가분하다』
 (마로니에북스, 2008. 6.) 15~16쪽.

시인소개

박경리 시인

출생 : 음력 1926. 10. 28. 경상남도 통영

사망 : 2008. 5. 5.

데뷔 : 1955년 단편소설 '계산'

수상 : 2008년 금관문화훈장

　　　1999년 한국예술평론가협의회 선정 20세기를 빛낸 한국의 예술인

　　　1996년 칠레정부 가브리엘라 미스트랄 기념메달

경력 : 1999.04 대통령자문 새천년준비위원회 위원1997.04 호암재단 이사

작품 : 도서, 만화, 영화

시의 이해

　이 시는 발표 지면이 두 군데이다. 시인이 타계하신 2008년 5월 5일의 한 달여 전인 2008년 4월 《현대문학》에 선생님의 마지막 시로 발표가 되었고, 그 후 2008년 6월 22일 '마로니에북스'에서 유고집을 펴내면서 재수록되었다.

　유고집을 펴내면서 몇 군데 수정이 되었는데 그 부분은 선생님이 사전에 수정해두었는지 유고집을 내면서 임의로 고쳤는지는 알 수 없다.

　'비자루병(현대문학)'이 '빗자루병(유고집)'으로 '횡뎅그렁한(현대문학)'이 '횡덩그레한(유고집)'으로 바뀌었는데, '빗자룻병'과 '횡뎅그렁한'이 표준어인데 두 단어가 제대로 수정되어 수록되지 못한 것은 이해하기 힘

들다.

　마지막 5연에 '나를 지켜 주는 것은 / 오로지 적막뿐이었다'라는 두 행이 유고집에 추가되었는데 시는 설명하려고 하지 말고 '말하지 않고 말하기'를 통하여 독자들이 충분히 느끼고 생각할 수 있는 여지를 남겨야 하는데 설명처럼 느껴지는 두 행을 왜 첨가하게 되었는지도 의문이다. 시의 분위기가 이미 '오로지 적막뿐이었음'을 충분히 말해주고 있는데도 말이다.

　이 시는 박경리 선생님의 '절명시'라고 할 수 있다. 선생님께서 죽음을 미리 예감하고 계셨는지 '버리고 갈 것만 남아서 참 홀가분하다'라는 마지막 구절이 시를 읽는 사람을 숙연하게 한다.

발음 연구
'낭송의 실제' 참고.

장단음 연구
〈장음〉
대:추나무, 수:십, 빈:, 맹:꽁이는, 터:져라, 배:추, 심:고, 세:상의, 옛:날의, 세:월, 대문:, 까:치독사, 모:진, 세:상의 위에 했:지만

된소리, 거센소리, 예사소리
〈된소리〉
비자루병에-비짜루뼝에, 일시에-일씨에, 살았다-사랃따, 소쩍새와-소

쩍쌔와, 쑥꾹새가-쑥꾺쌔가, 울었고-우럳꼬, 심고-심:꼬, 달빛이-달삐치, 무섭기도-무섭끼도, 했지만-핻:찌만, 책상-책쌍, 지탱해주었고-지탱해주얻꼬, 그랬지-그랟찌, 그랬었지-그래썯찌, 거렸다-거렫따, 늑대도-늑때도, 있었고-이썯꼬, 까치독사-까:치독싸, 있었지-이썯찌, 갈 것만-갈 건(껀)만.

⟨거센소리⟩
창고같이-창고가치, 생각하며-생가카며, 정붙이고-정부치고, 같이-가치.

조사 '의'의 발음

이 시에는 아래와 같이 조사 '의'가 있다.
 '연못의 맹꽁이는 목이 터져라 소리 지르던'
 '이 세상의 끝의 끝으로 온 것 같이'
 '그 세월, 옛날의 그 집'
'에'로 발음하여도 무방하다. 단 '의'로 발음하기를 권한다.

인터넷 상의 오류

⟨원본 -오류⟩
횡덩그레한(유고집) - 횡등거레한
소쩍새와 쑥꾹새가 울었고(현대문학, 유고집)
- 소쩍새와 쑥쑥새가 와 울었고
- 소쩍새와 쑥쑥새와 울었고

- 소쩍새와 쑥국새가 울었고
다행이(현대문학) - 다행히
고양이들과 함께(현대문학, 유고집) - 고양이들과 함께 살았다
아아 편안하다(현대문학, 유고집) - 아아 편하다. 아 편안하다
5연(현대문학, 유고집)을 - 두 연으로 나누어 6연으로 나눈 것이 많다.

낭송의 실제

옛날의 그 집 / 박경리.
- 옌ː나리 그 집 / 시 박경리. 낭ː송 ○○○.

비자루병에 걸린 대추나무 수십 그루가
- 비짜루뼝에 걸린 대ː추나무 수ː십 그루가

어느 날 일시에 죽어자빠진 그 집
- 어느 날 일씨에 주거자빠진 그 집

십오 년을 살았다
- 시보 녀늘 사랃따

빈 창고같이 횅뎅그렁한 큰 집에
- 빈ː 창고가치 휑뎅그렁한 큰 지베

밤이 오면 소쩍새와 쑥꾹새가 울었고
- 바미 오면 소쩍쌔와 쑥꾹쌔가 우럳꼬

연못의 맹꽁이는 목이 터져라 소리 지르던

- 연모식(세) 맹ː꽁이는 모기 터ː저라 소리 지르던

이른 봄

- 이른 봄

그 집에서 나는 혼자 살았다

- 그 지베서 나는 혼자 사랃따

다행이 뜰은 넓어서

- 다행이 뜨른 널버서

배추 심고 고추 심고 상추 심고 파 심고

- 배ː추 심ː꼬 고추 심ː꼬 상추 심ː꼬 파 심ː꼬

고양이들과 함께

- 고양이들과 함께

정붙이고 살았다

- 정부치고 사랃따

달빛이 스며드는 차가운 밤에는

- 달삐치 스며드는 차가운 바메는

이 세상의 끝의 끝으로 온 것 같이

- 이 세ː상의(에) 끄틔(테) 끄트로 온 걷 가치

무섭기도 했지만

- 무섭끼도 핻ː찌만

책상 하나 원고지, 펜 하나가

— 책쌍 하나 원고지, 펜 하나가

나를 지탱해주었고

— 나를 지탱해주얻꼬

사마천을 생각하며 살았다

— 사마처늘 생가카며 사랃따

그 세월, 옛날의 그 집

— 그 세ː월, 옌ː나릐(레) 그 집

그랬지 그랬었지

— 그랟찌 그래썯찌

대문 밖에서는

— 대ː문 바께서는

늘

— 늘

짐승들이 으르렁거렸다

— 짐승드리 으르렁거렫따

늑대도 있었고 여우도 있었고

— 늑때도 이썯꼬 여우도 이썯꼬

까치독사 하이에나도 있었지

— 까ː치독싸 하이에나도 이썯찌

모진 세월 가고

- 모:진 세:월 가고

아아 편안하다 늙어서 이리 편안한 것을

- 아아 펴난하다 늘거서 이리 펴난한 거슬

버리고 갈 것만 남아서 참 홀가분하다

- 버리고 갈 건만(껀만) 나마서 참 홀가분하다

14 조지훈의 「石門」

石 門 / 조지훈

 당신의 손끝만 스쳐도 여기 소리 없이 열릴 돌문이 있읍니다 뭇사람이 조바심치나 굳이 닫힌 이 돌문 안에는 石壁欄干 열두층계 위에 이제 검푸른 이끼가 앉았읍니다.

 당신이 오시는 날까지는 길이 꺼지지 않을 촛불 한자루도 간직 하였읍니다 이는 당신의 그리운 얼굴이 이 희미한 불앞에 어리울 때까지는 千年이 지나도 눈 감지 않을 저의 슬픈 영혼의 모습입니다.

 길숨한 속눈섭에 항시 어리우는 이 두어방울 이슬은 무엇입니까 당신이 남긴 푸른 도포자락으로 이 눈물을 씻으랍니까

 두 볼은 옛날 그대로 복사꽃 빛이지만 한숨에 절로 입술이 푸르러감을 어찌합니까
  〉

몇만리 구비치는 강물을 건너 와 당신의 따슨 손길이 저의 흰 목덜미를 어루만질 때 그때야 저는 자취도 없이 한줌 티끌로 사라지겠읍니다 어두운 밤하늘 虛空中天에 바람처럼 사라지는 저의 옷자락은 눈물어린 눈이 아니고는 보지 못하오리다.

　여기 돌문이 있읍니다 怨恨도 사모치량이면 지극한 정성에 열리지 않는 돌문이 있읍니다 당신이 오셔서 다시 千年토록 앉아서 기다리라고 슬픈 비바람에 낡아가는 돌문이 있읍니다.

- 조지훈 시선집『趙芝薰詩選』(정음사, 1956. 12)

원본 또는 정본 확인과정

　이 시의 원본은 시인의 최초 발표한 개인 시집인『풀잎단장(斷章)』에 실렸고 그 후『조지훈詩選』으로 다시 수록이 된다.

　먼저 인터넷의 자료를 통하여 올라온 작품들을 비교 분석해 보았다. 올라온 작품들이 예상대로 각각 다르게 올라와 있었다.「지훈문학관」행사를 위해 만든 책에 실린 작품도 확실하지 않았다.

　비교적 원본에서 발췌했다고 하는『한국 현대시 400선』에 수록된 작품이 원본에 가장 가깝다는 느낌을 받았지만 모든 원본 작업을 계속하는 동안에 비교 분석해 본 결과 띄어쓰기와 부호의 확인이 필요하였다.

　중고서점을 통하여 원본을 확인하는 작업을 시도하였으나 품절이 되었고 대기를 하고 기다려도 중고가격이 40만원을 호가하였다.

다시 원본이 있는 도서관을 검색하였고 「지훈문학관」에 원본이 소장되어 있음을 확인하였다. 급하게 양희 관장님께 전화를 걸어서 원본 사진을 좀 보내주실 수 있냐고 부탁을 드렸으나 보내온 자료는 조지훈 선생님께서 작고 후에 제자들이 선생님의 작품을 모아 만든 전집의 원본이었다. 정본이 있으나 책임을 지고 있는 직원의 부재로 확인이 곤란하다는 답을 주셨다.

다음 작업은 '국립중앙도서관'의 자료를 찾아보는 일이다. 이 일은 역시 서울 솔루션반의 이숙희 시낭송가님께서 수고를 해주시기로 했다. 두 번이나 오가는 수고를 마다 않고 첫 시집과 시선집의 원본을 복사하는 데 성공하였다.

참고본 또는 이본

石 門 / 조지훈

당신의 손끝만 스쳐도 여기 소리없이 열릴 돌문이 있읍니다 뭇사람이 조바심치나 굳이 닫힌 이 돌문 안에는 石壁欄干 열두층계 위에 이제 검푸른 이끼가 앉았읍니다

당신이 오시는 날까지는 길이 꺼지지 않을 촛불 한자루도 간직하였읍니다 이는 당신의 그리운 얼굴이 이 희미한 불앞에 어리울 때까지는 千

年이 지나도 눈 감지 않을 저의 슬픈 영혼의 모습입니다

  길숨한 속눈섶에 항시 어리우는 이 두어방울 이슬은 무엇입니까 당신이 남긴 푸른 도포자락으로 이 눈물을 씻으랍니까

  두볼은 옛날 그데로 복사꽃빛이지만 한숨에 절로 입술이 푸르러감을 어찌합니까

  몇 만리 구비치는 강물을 건너 와 당신의 따슨 손길이 저의 흰 목덜미를 어루만질 때 그때야 저는 자취도없이 한줌 티끌로 사라지겠읍니다 어두운 밤하늘 虛空中天에 바람처럼 사라지는 저의 옷자락은 눈물어린 눈이 아니고는 보지 못하오리다

  여기 돌문이 있읍니다 怨恨도 사모치량이면 지극한 정성에 열리지 않는 돌문이 있읍니다 당신이 오셔서 다시 千年토록 앉아서 기다리라고 슬픈 비바람에 낡아가는 돌문이 있읍니다

- 출처 : 시집『풀잎斷章』(창조사, 1952. 12)

石 門 / 조지훈

　당신의 손끝만 스쳐도 여기 소리 없이 열릴 돌문이 있습니다 뭇사람이 조바심치나 굳이 닫힌 이 돌문 안에는 石壁欄干 열두층계 위에 이제 검푸른 이끼가 앉았습니다.

　당신이 오시는 날까지는 길이 꺼지지 않을 촛불 한자루도 간직하였습니다 이는 당신의 그리운 얼굴이 이 희미한 불앞에 어리울 때까지는 千年이 지나도 눈 감지 않을 저의 슬픈 영혼의 모습입니다.

　길숨한 속눈섭에 항시 어리우는 이 두어방울 이슬은 무엇입니까 당신이 남긴 푸른 도포자락으로 이 눈물을 씻으랍니까.

　두 볼은 옛날 그대로 복사꽃 빛이지만 한숨에 절로 입술이 푸르러감을 어찌합니까.

　몇만리 구비치는 강물을 건너 와 당신의 따슨 손길이 저의 흰 목덜미를 어루만질 때 그때야 저는 자취도 없이 한줌 티끌로 사라지겠습니다 어두운 밤하늘 虛空中天에 바람처럼 사라지는 저의 옷자락은 눈물어린 눈이 아니고는 보지 못하오리다.

　여기 돌문이 있습니다 怨恨도 사모치량이면 지극한 정성에 열리지 않는 돌문이 있습니다 당신이 오셔서 다시 千年토록 앉아서 기다리라고 슬픈 비바람에 낡아가는 돌문이 있습니다.

⟨조지훈 전집1 시. 나남출판. 1997.⟩
「조지훈 문학관」과 조지훈 행사에서는 이 원본을 기준으로 삼는다.

시인소개
조지훈 시인
성명 : 조동탁(趙東卓)
아호 : 지훈(芝薰)
본관 : 한양 조씨
출생 : 1920년 12월 3일 경상북도 영양군 일월면 주곡리 주실마을
사망 : 1968년 5월 17일
학력 : 혜화전문학교 (졸업)

시의 이해
설화를 바탕으로 쓴 시다.

발음 연구
'낭송의 실제' 참고.

장단음 연구
⟨장음⟩

없:이, 돌:문, 검:푸른, 감:지 도:포자락으로, 속:눈섭에, 옛:날, 건:너, 못:하오리다, 원:한,

된소리, 거센소리, 예사소리
⟨된소리⟩

있읍(습)니다-이(읻)씀니다, 뭇사람이-묻싸라미, 석벽난관-석뼝난간, 열두층계-열뚜층계, 안잖읍(습)니다-안자(잗)씀니다, 촛불-초뿔, 하였읍(습)니다-하여(엳)씀니다, 감지-감:찌, 길숨한-길쑴한, 속눈섭에-송:눈써베, 도포자락으로-도:포짜라그로, 복사꽃-복싸꼳, 입술이-입쑤리, 손길이-손끼리, 목덜미를-목떨미를, 사라지겠읍(습)니다-사라지(게)겓씀니다, 옷자락은-옫짜라근.

⟨거센소리⟩

닫힌-다친, 못하오리다-모:타오리다, 지극한-지그칸.

조사 '의'의 발음
이 시에는 아래처럼 다섯 군데 조사 '의'가 등장한다.
　'당신의 손끝만 스쳐도 여기 소리 없이 열릴 돌문이 있읍니다'
　'당신의 그리운 얼굴이 이 희미한 불앞에 어리울 때까지는'
　'千年이 지나도 눈 감지 않을 저의 슬픈 영혼의 모습입니다.'
　'당신의 따슨 손길이 저의 흰 목덜미를 어루만질 때'

'虛空中天에 바람처럼 사라지는 저의 옷자락은 눈물어린 눈이 아니고는'

이 중에서 '당신의 손끝만 스쳐도 여기 소리 없이 열릴 돌문이 있습니다'는 꼭 '의'로 발음하기를 권한다.

낭송의 실제

石 門 / 조지훈
– 석문 / 시 조지훈. 낭 : 송 ○○○.
(표준발음법으로는 발음이 '성문'으로 되지만 제목이라서 혼돈을 피하기 위하여 '석문'으로 발음하기를 권한다.)

　당신의 손끝만 스쳐도 여기 소리 없이 열릴 돌문이 있습니다 뭇사람이 조바심치나 굳이 닫힌 이 돌문 안에는 石壁欄干 열두층계 위에 이제 검푸른 이끼가 앉았습니다.
　– 당시늬(네) 손끈만 스처도 여기 소리 업:씨 열릴 돌:무니 이씀니다 묻싸라미 조바심치나 구지 다친 이 돌:문 아네는 석뼝난간石壁欄干 열뚜층계 위에 이제 검:푸른 이끼가 안자씀니다.

　당신이 오시는 날까지는 길이 꺼지지 않을 촛불 한자루도 간직 하였습니다 이는 당신의 그리운 얼굴이 이 희미한 불앞에 어리울 때까지는 千年이 지나도 눈 감지 않을 저의 슬픈 영혼의 모습입니다.

- 당시니 오시는 날까지는 기리 꺼지지 아늘 초뿔 한자루도 간직하여씀니다(간지카여씀니다) 이는 당시늬(네) 그리운 얼구리 이 히미한 부라페 어리울 때까지는 천녀니 지나도 눈 감:찌 아늘 저의(에) 슬픈 영호늬(네) 모스빔니다.

길숨한 속눈섭에 항시 어리우는 이 두어방울 이슬은 무엇입니까 당신이 남긴 푸른 도포자락으로 이 눈물을 씻으랍니까
 - 길쑴한 송:눈쎄베 항시 어리우는 이 두어방울 이스른 무어심니까 당시니 남긴 푸른 도:포짜라그로 이 눈무를 씨스람니까

두 볼은 옛날 그대로 복사꽃 빛이지만 한숨에 절로 입술이 푸르러감을 어찌합니까
 - 두: 보른 옌:날 그대로 복싸꼳 비치지만 한수메 절로 입쑤리 푸르러가믈 어찌함니까

몇만리 구비치는 강물을 건너 와 당신의 따슨 손길이 저의 흰 목덜미를 어루만질 때 그때야 저는 자취도 없이 한줌 티끌로 사라지겠읍니다 어두운 밤하늘 虛空中天에 바람처럼 사라지는 저의 옷자락은 눈물어린 눈이 아니고는 보지 못하오리다.
 - 면말리 구비치는 강무를 건:너 와 당시늬(네) 따슨 손끼리 저의(에) 힌 목떨미를 어루만질 때 그때야 저는 자취도 업:씨 한줌 티끌로 사라지게씀니다 어두운 밤하늘 허공중처虛空中天네 바람처럼 사

185

라지는 저의(에) 옫짜라근 눈무러린(눈물어린) 누니 아니고는 보지 모ː타오리다.

  여기 돌문이 있읍니다 怨恨도 사모치량이면 지극한 정성에 열리지 않는 돌문이 있읍니다 당신이 오셔서 다시 千年토록 앉아서 기다리라고 슬픈 비바람에 낡아가는 돌문이 있읍니다.
  - 여기 돌ː무니 이씀니다 원ː한怨恨도 사모치량이면 지그칸 정성에 열리지 안는 돌ː무니 이씀니다 당시니 오셔서 다시 천년千年토록 안자서 기다리라고 슬픈 비바라메 날가가는 돌ː무니 이씀니다.

강의 노트
이 시에는 '--읍니다'라는 '고어'가 있다. '습니다'로 고쳤을 경우, 발음도 'ㄷ'이 받침에 첨가된다. '된소리'에는 '습니다'로, '낭송의 실제'에는 '읍니다'로 발음을 표기하였다.

15 나희덕의 「못 위의 잠」

못 위의 잠 / 나희덕

저 지붕 아래 제비집 너무도 작아
갓 태어난 새끼들만으로 가득 차고
어미는 둥지를 날개로 덮은 채 간신히 잠들었습니다
바로 그 옆에 누가 박아놓았을까요, 못 하나
그 못이 아니었다면
아비는 어디서 밤을 지냈을까요
못 위에 앉아 밤새 꾸벅거리는 제비를
눈이 뜨겁도록 올려다봅니다
종암동 버스 정류장, 흙바람은 불어오고
한 사내가 아이 셋을 데리고 마중나온 모습
수많은 버스를 보내고 나서야
피곤에 지친 한 여자가 내리고, 그 창백함 때문에
반쪽난 달빛은 또 얼마나 창백했던가요
아이들은 달려가 엄마의 옷자락을 잡고

제자리에 선 채 달빛을 좀더 바라보던

사내의, 그 마음을 오늘밤은 알 것도 같습니다

실업의 호주머니에서 만져지던

때묻은 호두알은 쉽게 깨어지지 않고

그럴듯한 집 한 채 짓는 대신

못 하나 위에서 견디는 것으로 살아온 아비,

거리에선 아직도 흙바람이 몰려오나봐요

돌아오는 길 희미한 달빛은 그런대로

식구들의 손잡은 그림자를 만들어주기도 했지만

그러기엔 골목이 너무 좁았고

늘 한 걸음 늦게 따라오던 아버지의 그림자

그 꾸벅거림을 기억나게 하는

못 하나, 그 위의 잠

- 시집 『그 말이 잎을 물들였다』 1994. 10. 20. 창비. 28~29쪽.

원본 또는 정본 확인과정

나희덕 시인의 시집에서 발췌.

참고본 또는 이본

비교 분석할 이본이 없다.

시인소개

나희덕羅喜德, 시인 대학교수

출생 : 1966년 2월 8일 충남 논산시

데뷔 : 1989년 중앙일보 신춘문예에 '뿌리에게'가 당선되어 등단하였다.

경력 : 2019년 3월~서울과학기술대학교 인문사회대학 문예창작학과 교수

수상 : 2019년 제21회 백석문학상

시의 이해

  한 편의 명시가 탄생하기까지 시인의 사유와 관찰은 어떤 경로를 거칠까? 시는 사소하고도 아주 평범한 발견 속에서 시인의 사유와 관찰에서 나온다. 그리고 그 표현은 한 가지의 사건을 그대로 나열시키는 것이 아니라 다른 이미지와 병치시켜서 사건의 느낌과 감동을 극대화 시킨다.

  우리나라는 'IMF'와 '코로나 19'로 인하여 많은 실직자를 양산했다.

  화자는 이 시의 '시작詩作의 배경'을 '반통의 물'에서 이렇게 밝히고 있다.

  '마흔쯤 되어 보이는 한 사내가 아이 셋을 데리고 좁은 골목을 걸어 나가 버스 정류장에 하염없이 서 있는 모습. 처음에 나는 그 이미지를 알아보지 못했다. 그 이미지가 내 마음에 둥지를 틀고 한참을 지내고 나서야 비로소 나는 그것이 내 어린 시절의 아주 익숙한 풍경이었다는 걸 깨달을 수 있었다. (중략) 여행을 하면서 머무른 어느 시골집에서 그 집 처마 밑에 있던 제비집을 올려다보던 나는 그만 마음이 막막해져서 눈시울을 적시고 말았다. 낮에는 보지 못한 대못 하나가 제비집 옆에 박

혀 있고, 제비 한 마리가 그 못 위에 앉은 채 잠들어 있는 게 아닌가. 어떤 일가—家의 잠. 그 순간 못 위에 앉아 있는 제비의 모습은 종암동 버스 정류장에 서 있는 한 사내와 오버랩 되었다. 그렇게 해서 쓴 시가 '못 위의 잠'이다.'

발음 연구

못[몯] - 명사 목재 따위의 접합이나 고정에 쓰는 물건. 쇠, 대, 나무 따위로 가늘고 끝이 뾰족하게 만든다.
(못: - 부사 동사가 나타내는 동작을 할 수 없다거나 상태가 이루어지지 않았다는 부정의 뜻을 나타내는 말.)
어미 - 명사, '어머니'의 낮춤말.
(어:미 - 명사 언어 용언 및 서술격 조사가 활용하여 변하는 부분. '점잖다', '점잖으며', '점잖고'에서 '다', '으며', '고' 따위이다.)
누가 - 대명사, '누구가'가 줄어든 말. (누:가 - 명사, 거듭하여 보탬)
밤새 꾸벅거리는 - 밤쌔(밤새) 꾸벅꺼리는
눈이 뜨겁도록 - 누니 뜨겁또록
정류장 - 정뉴장
흙바람은 불어오고 - 흑빠라믄 부러오고
모습 - 명사, 사람의 생긴 모양. (모:습冒襲 - 명사 남의 집안의 대를 이음)
반쪽난 달빛은 - 반쫑난 달삐츤
창백했던가요 - 창배캗떤가요

옷자락을 잡고 - 옫짜라글 잡꼬

알: - ('알다'의 활용형), 동사 교육이나 경험, 사고 행위를 통하여 사물이나 상황에 대한 정보나 지식을 갖추다. (알 - 명사, 조류, 파충류, 어류, 곤충 따위의 암컷이 낳는, 둥근 모양의 물질)

알 것도 같습니다 - 알 껃또 갇씁니다

실업의 - 시러븨(브이), 시러베

깨어지지 않고 - 깨어지지 안코

묻다 - 동사, 가루, 풀, 물 따위가 그보다 큰 다른 물체에 들러붙거나 흔적이 남게 되다.

(묻:다 - 동사, 무엇을 밝히거나 알아내기 위하여 상대편의 대답이나 설명을 요구하는 내용으로 말하다.)

그럴듯한 - 그럴뜨탄

식구들의 - 식꾸드릐(르이), 식꾸드레

늦게 - 늗께

기억나다 - 기엉나다

밤새 1 : [명사] 낮에는 숨어 자고 밤에 활동하며 먹이를 찾는 새. 부엉이, 올빼미 따위가 있다.

밤새 2 : [명사] '밤사이'의 준말.
        1의 경우는 '밤쌔'라고 발음하고, 2의 경우는 '2015년에 현실 발음을 인정하여 [밤쌔]와 [밤새] 모두 표준 발음으로 인정하였다.

장단음 연구

〈장음〉

제:비, 작:아, 지:냈을까요, 셋:을, 수: 많은, 지:친, 반:쪽, 알:, 쉽:게, 짓:는, 대:신, 그:림자, 했:지만, 골:목길,

〈단음〉

못, 어미, 누가, 버스, 모습, 창백, 실업, 늘,

된소리, 거센소리, 예사소리

〈된소리〉

아니었다면-아니얻따면, 밤새-밤쌔, 꾸벅거리는-꾸벅꺼리는, 뜨겁도록-뜨겁또록, 흙바람은-흑빠라믄, 달빛은-달삐츤, 창백했던가요-창배캗떤가요, 옷자락을-옫짜라글, 잡고-잡꼬, 알 것도-알 : 껃또, 같습니다-갇씀니다, 쉽게-쉽:께, 그럴듯한-그럴뜨탄, 아직도-아직또, 흙바람이-흑빠라미, 식구들의-식꾸드리, 했지만-핻:찌만, 좁았고-조받꼬, 늦게-늗께, 꾸벅거림을-꾸벅꺼리믈,

〈거센소리〉

창백함-창배캄, 창백했던가요-창배캗떤가요, 그럴듯한-그럴뜨탄, 않고-안코, 못 하나-모 타나,

조사 '의'의 발음

이 시에는 다음과 같이 다섯 행에 조사 '의'가 등장한다.

    '아이들은 달려가 엄마의 옷자락을 잡고'

    '사내의, 그 마음을 오늘밤은 알 것도 같습니다'

'실업의 호주머니에서 만져지던'
'식구들의 손잡은 그림자를 만들어주기도 했지만'
'늘 한 걸음 늦게 따라오던 아버지의 그림자'
모두 '의'로 발음하기를 권한다.

원표기음가. 표준음가, 실제음가
못 하나 → 몯 하나 → 모타나

띄어읽기와 끊어읽기
시인이 강조할 내용과 리듬을 염두에 두고 배행을 하였으므로 '시행'대로 낭송하면 별 무리가 없다.

중요 낱말 및 시어 시구 풀이
특별히 이해하지 못할 문구가 없다.

낭송의 실제

못 위의 잠 / 나희덕
–몯 위의 잠 / 시 나희덕. 낭 : 송 ○○○.

저 지붕 아래 제비집 너무도 작아
– 저 지붕 아래 제ː비집 너무도 자ː가

갓 태어난 새끼들만으로 가득 차고

- 갇 태어난 새끼들마느로 가득 차고

어미는 둥지를 날개로 덮은 채 간신히 잠들었습니다

- 어미는 둥지를 날개로 더픈 채 간신히 잠드럳씀니다

바로 그 옆에 누가 박아놓았을까요, 못 하나

- 바로 그 여페 누가 바가노아쓸까요, 몯 하나 (모타나)

그 못이 아니었다면

- 그 모시 아니얻따면

아비는 어디서 밤을 지냈을까요

- 아비는 어디서 바믈 지:내쓸까요

못 위에 앉아 밤새 꾸벅거리는 제비를

- 몯 위에 안자 밤쌔(밤새) 꾸벅꺼리는 제:비를

눈이 뜨겁도록 올려다봅니다

- 누니 뜨겁또록 올려다봄니다

종암동 버스 정류장, 흙바람은 불어오고

- 종암동 버스 정뉴장, 흑빠라믄 부러오고

한 사내가 아이 셋을 데리고 마중나온 모습

- 한 사내가 아이 세:슬 데리고 마중나온 모습

수많은 버스를 보내고 나서야

- 수:마는 버스를 보내고 나서야

피곤에 지친 한 여자가 내리고, 그 창백함 때문에

- 피고네 지:친 한 여자가 내리고, 그 창배캄 때무네

반쪽난 달빛은 또 얼마나 창백했던가요

- 반ː쪽난 달삐츤 또 얼마나 창배캔떤가요

아이들은 달려가 엄마의 옷자락을 잡고

- 아이드른 달려가 엄마의(에) 옫짜라글 잡꼬

제자리에 선 채 달빛을 좀더 바라보던

- 제자리에 선 채 달삐츨 좀더 바라보던

사내의, 그 마음을 오늘밤은 알 것도 같습니다

- 사내의, 그 마으을 오늘빠믄 알ː 걷또(껃또) 갇씀니다

실업의 호주머니에서 만져지던

- 시러븨(베), 호주머니에서 만저지던

때묻은 호두알은 쉽게 깨어지지 않고

- 때무든 호두아른 쉽ː께 깨어지지 안코

그럴듯한 집 한 채 짓는 대신

- 그럴뜨탄 집 한 채 진ː는 대ː신

못 하나 위에서 견디는 것으로 살아온 아비,

- 몯 하나(모타나) 위에서 견디는 거스로 사라온 아비

거리에선 아직도 흙바람이 몰려오나봐요

- 거리에선 아직또 흑빠라미 몰려오나봐요

돌아오는 길 희미한 달빛은 그런대로

- 도라오는 길 히미한 달삐츤 그런대로

식구들의 손잡은 그림자를 만들어주기도 했지만

- 식꾸드릐(레) 손자븐 그ː림자를 만드러 주기도 핻ː찌만

그러기엔 골목이 너무 좁았고
- 그러기엔 골:모기 너무 조받꼬

늘 한 걸음 늦게 따라오던 아버지의 그림자
- 늘 한 거름 늗께 따라오던 아버지의(에) 그:림자

그 꾸벅거림을 기억나게 하는
- 그 꾸벅꺼리믈 기엉나게 하는

못 하나, 그 위의 잠
- 몯 하나(모타나), 그 위의(에) 잠

16 유안진의 「자화상」

자화상 / 유안진

한 생애를 살다 보니
나는 나는 구름의 딸이요 바람의 연인이라
비와 이슬이 눈과 서리가 강물과 바닷물이
뉘기 아닌 나였음을 알아라

수리부엉이 우는 이 겨울도 한밤중
뒤꼍 언 텃밭을 말 달리는 눈바람에
마음 헹구는 바람의 연인
가슴속 용광로에 불 지피는 황홀한 거짓말을
오오 미쳐볼 뿐 대책 없는 불쌍한 희망을
내 몫으로 오늘 몫으로 사랑하여 흐르는 일

삭아질수록 새우 젓갈 맛 나듯이
때 얼룩에 절수록 인생다워지듯이

산다는 것도 사랑한다는 것도
때 묻히고 더럽혀지며
진실보다 허상에 더 감동하며
정직보다 죄업에 더 집착하며
어디론가 쉬지 않고 흘러가는 것이다

나란히 누웠어도 서로 다른 꿈을 꾸며
끊임없이 떠나고 떠도는 것이다
멀리멀리 떠나갈수록
가슴이 그득히 채워지는 것이다
갈 데까지 갔다가는 돌아오는 것이다
하늘과 땅만이 살 곳은 아니다
허공이 오히려 살만한 곳이며
떠돌고 흐르는 것이 오히려 사랑하는 것이다

돌아보지 않으리
문득 돌아보니
나는 나는 흐르는 구름의 딸이요
떠도는 바람의 연인이라.

- 출처 : 시집 『나는 내가 낳는다』 (시인생각, 2013). 22~23쪽.

참고본 또는 이본

자화상 / 유안진

한 생애를 살다보니
나는 나는 구름의 딸이요 바람의 연인이라
비와 이슬이 눈과 서리가 강물과 바닷물이
뉘기 아닌 바로 나였음을 알아라

수리 부엉이 우는 이 겨울도 한밤중
뒤꼍 언 텃밭을 말 달리는 눈바람에
마음 헹구는 바람의 연인
가슴속 용광로에 불 지피는 황홀한 거짓말을
오오 미쳐 볼 뿐 대책 없는 불쌍한 희망을
내 몫으로 오늘 몫으로 사랑하여 흐르는 일

삭아질수록 새우 젓갈 만(맛)나듯이
때 얼룩에 쩔을수록 인생다워지듯이
산다는 것도 사랑한다는 것도
때 묻히고 더럽혀지며
진실보다 허상에 더 감동하며
정직보다 죄업에 더 집착하며

어디론가 쉬지 않고 흘러가는 것이다

나란히 누웠어도 서로 다른 꿈을 꾸며
끊임없이 떠나고 떠도는 것이다
멀리 멀리 떠나갈수록
가슴이 그득히 채워지는 것이다
갈 데까지 갔다가는 돌아오는 것이다
하늘과 땅만이 살 곳은 아니다
허공이 오히려 살만한 곳이며
떠돌고 흐르는 것이 오히려 사랑하는 것이다

돌아보지 않으리
문득 돌아보니
나는 나는 흐르는 구름의 딸이요
떠도는 바람의 연인이라

- 유안진 시선집 『세한도 가는 길』 (시월), 2009)

자화상 / 유안진

한 오십년 살고보니

나는 나는 구름의 딸이요 바람의 연인이라
눈과 서리와 비와 이슬이
강물과 바닷물이 뉘기 아닌 바로 나였음을 알아라

수리부헝이 우는 이 겨울도 한밤중
뒷뜰 언 밭을 말달리는 눈바람에
마음 헹구는 바람의 연인
가슴속 용광로에 불지피는 황홀한 거짓말을
오오 미쳐볼 뿐 대책없는 불쌍한 희망을
내 몫으로 오늘 몫으로 사랑하여 흐르는 일

삭아질수록 새우젓갈 맛나듯이
때얼룩에 쩔을수록 인생다워지듯이
산다는 것도 사랑한다는 것도
때묻히고 더럽혀지며
진실보다 허상에 더 감동하며
정직보다 죄업에 더 집착하며
어디론가 쉬지 않고 흘러가는 것이다

나란히 누웠어도 서로 다른 꿈을 꾸며
끊임없이 떠나고 떠도는 것이다
멀리 멀리 떠나갈수록

가슴이 그득히 채워지는 것이다
갈 데까지 갔다가는 돌아오는 것이다
하늘과 땅만이 살 곳은 아니다
허공이 오히려 살 만한 곳이며
떠돌고 흐르는 것이 오히려 사랑하는 것이다

돌아보지 않으리
문득 돌아보니
나는 나는 흐르는 구름의 딸이요
떠도는 바람의 연인이라.

- 시집『구름의 딸이요 바람의 연인이어라』(시와시학사, 1993. 12. 15)

자화상 / 유안진

한 오십년 살고보니
나는 나는 구름의 딸이요 바람의 연인이라
비와 이슬이 눈과 서리와
강물과 바닷물이 뉘기 아닌 바로 나였음을 알아라

수리부엉이 울어대는 이 겨울도 한밤중, 뒷뜰 얼음 밭을 치달리는 눈바람에, 마음 헹구는 바람의 연인, 가슴속 용광로에 불지피는 황홀한 거짓말을, 오오 미쳐볼 뿐 대책없는 불쌍한 희망을, 내 몫으로 오늘 몫으로 사랑하여 흐르는 일

삭아질수록 새우젓갈 맛나듯이, 때얼룩에 쩔을수록 인생다워지듯이, 산다는 것도 사랑한다는 것도, 때 묻히고 더럽혀지며, 허상에 넋을 잃어 진실을 놓치며, 죄업에 혼이 빠져 정직을 못 가리며, 어디론가 쉬지 않고 흘러가는 것이다

나란히 누웠어도 서로 다른 꿈을 꾸며, 끊임없이 떠나고 떠도는 것이다, 멀리 떠나갈수록, 가슴이 그득히 채워지는 것이다, 갈 데까지 갔다가는 돌아오기도 하는 것이다, 하늘과 땅만이 살 곳은 아니다, 허공이 오히려 더 살만한 곳이며, 흐르고 떠도는 것이 오히려 사랑하는 것이다

돌아보지 않으리
문득 뒤 돌아보니
나는 나는 흐르는 구름의 딸이요
떠도는 바람의 연인이었어라.

- 출처 : 신문 『뉴욕일보』 2007년 12월 24일자 발행.

원본 또는 정본 확인과정

　국내에서 알려진 시와 다소 다른 『뉴욕일보』에 실린 시로 인하여 시낭송가들이 각각 다른 낭송을 하게 되는 데 한몫을 한 것 같다. 모든 시가 그러하듯이 시대에 따라 철자법과 맞춤법의 차이나 방언 사투리로 인하여 시가 수정 보완된다는 것을 이해하고 가장 최근에 발표된 시의 원본인 최종본(또는 정본)을 확보하는 노력이 필요하다. 이 시는 많은 교정과 수정 보완되었음을 알 수 있다.

시인 소개

유안진 시인

출생 : 1945년 10월1일. 경북 안동시
대뷔 : 1965년 [현대문학] '달' '위로' '별' 등단.
경력 : 1997년~2001년. 정보통신윤리위원회 위원
저서 : 시집으로 『달하』 『그리스도, 옛애인』 『봄비 한 주머니』 『다보탑을 줍다』 등 다수
수상 : 김달진문학상, 목월문학상, 공초문학상, 소월문학상 특별상.

시의 이해

　자화상 하면 윤동주의 자화상과 서정주의 자화상이 떠오른다. 서정주가 23세, 윤동주가 22세에 쓴 것에 비하면 유안진 시인의 자화상은 오십 대에 써졌다는 것이 된다. 서정주의 자화상에는 나이가 등장하지만 윤동주의 자화상에는 나이가 등장하지 않는다. 서정주의 자화상에는 '

'스물세햇동안'이라는 구절이 나오고 유안진의 자화상에는 '한 오십년 살고보니'라는 구설이 나온다. 서정수의 시는 수정 보완이 되지 않았으나 유안진의 시는 나중에 시선집을 내면서 1연 첫 행 '한 오십년 살고보니'가 '한 생애를 살다 보니'로 수정되었다. 그리고 행갈이와 띄어쓰기 몇몇 단어 등 시의 여러 곳이 수정 보완되었다.

그래서 낭송하는 낭송가마다 다른 원본으로 인해 각자 다른 낭송을 하게 되었다. 그러나 시는 그 시인이 마지막 수정 보완한 것을 '원본' 또는 '정본'으로 보기 때문에 가장 최근의 발표본을 확보하여 낭송하는 것이 좋다.

왜냐하면 시인도 시를 쓸 때 문법을 잘못 적용하거나 단어의 오류나 띄어쓰기 등이 틀릴 수 있기 때문이다. 그런 부분을 시를 다시 발표할 때 수정 보완하기 때문이다.

필자도 이 시의 '원본' 또는 '정본'을 확보하기 위하여 유안진 시인의 고향인 안동의 '안동도서관 용상분관'을 찾아가 '유안진 시선집 『세한도 가는 길』'을 찾아서 사진으로 찍어 원본을 확보하고 첫 발표본의 '원본' 확보를 위하여 '경상북도립예천공공도서관(경상북도교육청예천도서관)'을 찾아가 『구름의 딸이요 바람의 연인이어라』라는 유안진 시인의 열 번째 시집에서 '자화상'의 첫 발표작을 확보했다.

긴 시간과 많은 경비를 요구하는 작업이지만 예술에서 가장 중요한 위치에 있는 시의 낭송이 제대로 인식되고 자리를 잡기 위해서는 누군가 꼭 해야 할 일이라고 생각하여 힘들지만 이 작업을 계속해 나갈 작정이다.

지난해에는 유안진 시인과 통화를 하여 이 시의 원본을 어떤 것으로 하면 좋을까를 상의한 바 있다.

참고로 필자도 이렇게 '원본'이나 '정본'의 중요성을 인식하기 전에는 모음집이나 인터넷 정보를 이용하여 교육한 적 있으며 카페나 블로그에 그 정보를 올린 적이 있다.

발음 연구
'낭송의 실제' 참고.

장단음 연구
〈장음〉
살:다, 연: 인이라, 눈:과, 우:는, 뒤:켠, 언:, 눈:바람에 연:인, 거:짓말을, 대:책, 없:는, 일:, 절:수록, 산:다는, 더:럽혀지며, 감:동하며, 죄:업에, 쉬:지, 멀:리멀리, 살:, 살:만한.

〈단음〉
떠돌고

된소리, 거센소리, 예사소리
〈된소리〉
한밤중-한밤쭝, 텃밭을-턷빠틀, 가슴속-가슴쏙, 몫으로-목쓰로, 삭아질수록-사가질쑤록, 젓갈-젇깔, 절수록-절:쑤록, 것도-걷또, 정직보다-정직뽀다, 끊임없이-끄니멉씨, 떠나갈수록-떠나갈쑤록, 갔다가

는-갇따가는, 살 곳은-살ː 꼬슨,

〈거센소리〉

더럽혀지며-더러펴지며, 집착하며-집차카며, 않고-안코, 그득히-그드키,

조사 '의'의 발음

이 시에는 아래와 같이 조사 '의'가 등장한다.

　'나는 나는 구름의 딸이요 바람의 연인이라'

　'마음 헹구는 바람의 연인'

　'나는 나는 흐르는 구름의 딸이요'

　'떠도는 바람의 연인이라'

'에'로 발음하여도 무방하지만 끊임없이 '의'로 발음하는 것을 연습하기를 바란다.

띄어읽기와 끊어읽기

이 시는 '율행'으로 배행이 되어서 낭송할 때 자연스럽게 리듬이 생긴다. 시인이 배열해준 '시행'을 따라 낭송하면 별 무리 없이 낭송을 할 수 있다.

중요 낱말 및 시어 시구 풀이

이해를 돕기 위해 별도로 설명해야 하는 시어나 시구가 없다.

인터넷 낭송의 문제점

　1연의 첫 행 '한 오십년 살고보니'가 '한 생애를 살다 보니'로 바뀌었는데 이 정보를 접한 낭송가들이 '한 오십년' 부분만 '한 생애를'로 바꾸어 낭송하고 다른 내용은 첫 발표 원본 그대로 낭송하였다. 수정 보완될 때 다른 부분도 바뀐 것을 미처 생각하지 않고 들은 정보만으로 낭송을 한 결과이다. 결국 첫 발표 원본도 아니고 수정 보완된 원본도 아닌 어느 것에도 맞지 않는 낭송을 하게 된 것이다. 또 시인이 시를 수정 보완하여 다시 발표할 때 각 시집마다 원본을 다르게 수록한 것도 낭송할 때 혼란을 일으킨 요인이기도 하다. 시 원본의 중요성을 다시 한번 각성해야 할 때이다.

낭송의 실제

자화상 / 유안진

- 자화상 / 시 유안진. 낭:송 ○○○.

　한 생애를 살다 보니
　- 한 생애를 살:다 보니
　나는 나는 구름의 딸이요 바람의 연인이라
　- 나는 나는 구르믜(메) 따리요 바라믜(메) 여:니니라
　비와 이슬이 눈과 서리가 강물과 바닷물이
　- 비와 이스리 눈:과 서리가 강물과 바단무리

뉘기 아닌 나였음을 알아라

−뉘기 아닌 나여쓰을 아라라

수리부엉이 우는 이 겨울도 한밤중

− 수리부엉이 우ː는 이 겨울도 한밤쭝

뒤꼍 언 텃밭을 말 달리는 눈바람에

− 뒤ː꼍 언ː 턷빠틀 말 달리는 눈ː바라메

마음 헹구는 바람의 연인

− 마음 헹구는 바라믜(메) 여ː닌

가슴속 용광로에 불 지피는 황홀한 거짓말을

− 가슴쏙 용광노에 불 지피는 황홀한 거ː진마를

오오 미쳐볼 뿐 대책 없는 불쌍한 희망을

− 오오 미쳐볼 뿐 대ː책 엄ː는 불쌍한 히망을

내 몫으로 오늘 몫으로 사랑하여 흐르는 일

− 내 목쓰로 오늘 목쓰로 사랑하여 흐르는 일ː

삭아질수록 새우 젓갈 맛 나듯이

− 사가질쑤록 새우 젇깔 맏(만) 나드시

때 얼룩에 절수록 인생다워지듯이

− 때 얼루게 절ː쑤록 인생다워지드시

산다는 것도 사랑한다는 것도

− 산ː다는 걷또 사랑한다는 걷또

때 묻히고 더럽혀지며

- 때 무치고 더ː러펴지며

진실보다 허상에 더 감동하며

- 진실보다 허상에 더 감ː동하며

정직보다 죄업에 더 집착하며

- 정직뽀다 죄ː어베 더 집차카며

어디론가 쉬지 않고 흘러가는 것이다

- 어디론가 쉬ː지 안코 흘러가는 거시다

나란히 누웠어도 서로 다른 꿈을 꾸며

- 나란히 누워써도 서로 다른 꾸믈 꾸며

끊임없이 떠나고 떠도는 것이다

- 끄니업씨 떠나고 떠도는 거시다

멀리멀리 떠나갈수록

- 멀ː리멀리 떠나갈쑤록

가슴이 그득히 채워지는 것이다

- 가스미 그드키 채워지는 거시다

갈 데까지 갔다가는 돌아오는 것이다

- 갈 데까지 갇따가는 도라오는 거시다

하늘과 땅만이 살 곳은 아니다

- 하늘과 땅마니 살ː 고슨(꼬슨) 아니다

허공이 오히려 살만한 곳이며

- 허공이 오히려 살:만한 고시며

띠돌고 흐르는 것이 오히려 사랑하는 것이다

- 떠돌고 흐르는 거시 오히려 사랑하는 거시다

돌아보지 않으리

- 돌아보지 아느리

문득 돌아보니

- 문득 도라보니

나는 나는 흐르는 구름의 딸이요

- 나는 나는 흐르는 구르믜(메) 따리요

떠도는 바람의 연인이라

- 떠도는 바라믜(메) 여:니니라

17 황봉학의 「백두산에 올라」 〈시조〉

백두산에 올라 / 황봉학

내 조국 내 겨레가 이렇게 따뜻한 것은
비바람 막아 주는 네가 있기 때문이구나
하얗게 우뚝 솟아오른 네 모습이 늠름하다

내 산야 내 동포가 이렇게 풍요로운 것은
푸른 물 곱게 모아 젖줄을 만들어서
꿋꿋한 우리의 땅에 피를 돌게 함이구나

우리의 마음들이 티 없이 맑은 것은
네 허리 감돌아서 정갈해진 바람들이
하루도 변하지 않고 불어주기 때문이다

나, 오늘 여기 올라 고백할게 하나 있다
네 사랑은 변함없이 수천 년을 이었는데

철부지 우리 민족은 두 갈래로 갈렸단다

오가지 아니하는 원수처럼 갈라서서
네 얼굴 보는 것도 남의 땅을 빌려 오고
그나마 아름다운 너를 절반밖에 못 본단다

이렇게 널 찾아온 내 모습이 부끄럽다
다음에 찾아올 땐 우리 민족 철들어서
웃으며 평양平壤 땅 거쳐 당당하게 찾아오마

나, 오늘 널 만나고 이렇게 돌아가면
어느 때 다시 올지 그 날이 기약 없다
살아서 다시 못 만나면 죽어서도 널 찾으마

석양이 붉게 울며 이별을 재촉한다
장군봉將軍峰 맴을 도는 까막까치 함께 울고
아득히 푸른 천지天地가 내 눈물처럼 시리다

- 백두산 문학 2022년 제39호. 101~102쪽.

원본 또는 정본 확인과정

백두산 문학 '2022년 제39호'에서 원본 발췌.

참고본 또는 이본

백두산에 올라 / 황봉학

내 조국 내 겨레가 이렇게 따뜻한 것은
비바람 막아 주는 네가 있기 때문이구나
하얗게 눈(雪)으로 덮인 네 모습이 늠름하다

내 산야 내 동포가 이렇게 풍요로운 것은
푸른 물 곱게 모아 젖줄을 만들어서
꿋꿋한 우리의 땅에 피를 돌게 함이구나

우리의 마음들이 티 없이 맑은 것은
네 허리 감돌아서 정갈해진 바람들이
하루도 변하지 않고 불어주기 때문이다

나 오늘 여기 올라 고백할 게 하나 있다
네 사랑은 변함없이 수천 년을 이었는데
철부지 우리 민족은 두 갈래로 갈렸단다

오가지 아니하는 원수처럼 갈라서서
네 얼굴 보는 것도 남의 땅을 빌려 오고
그나마 아름다운 너를 절반 밖에 못 본단다

이렇게 널 찾아온 내 모습이 부끄럽다
다음에 찾아올 땐 우리 민족 철들어서
웃으며 평양 땅 거쳐 당당하게 찾아오마

나 오늘 널 만나고 이렇게 돌아가면
어느 때 다시 올지 그 날이 기약 없다
살아서 다시 못 만나면 죽어서도 널 찾으마

석양이 붉게 울며 이별을 재촉한다
장군봉將軍峰 맴을 도는 까막까치 함께 울고
아득히 푸른 천지天地가 내 눈물처럼 시리다.

- 다음(daum) 카페 등 기존 발표작.

시인소개

황봉학 시인. 시낭송 교육자
젊은 시 문예지『작가사상』발행인
『문경새재전국시낭송대회』조직위원장

『전국연리지시낭송대회』 조직위원장

『청음시낭송예술원』 원장

『좋은시바르게낭송하기운동본부』 장

『현대시창작솔루션』 강좌 운영

『한국명시낭송솔루션』 강좌 운영

시조의 이해

  이 시조는 8수로 된 연시조이다. 보통 시조가 3수 또는 4수로 되어 있는 것에 비하면 제법 긴 시조이다. 배열 방법도 아주 정형적인 '장'배열법을 써서 한눈에 보아도 시조임을 알 수 있다.

  시와 시낭송을 공부하는 도반들과 함께 백두산에 올라 지은 시조이다.

발음 연구

불어주기 : 어원 '불:다'는 장음이지만 활용형 '불어'는 단음이다.

장단음 연구

〈장음〉

하:얗게, 늠:름하다, 곱:게, 돌:게, 없:이, 감:돌아서, 변:하지, 고:백할 게, 변:함없이, 수:천, 두:, 원:수처럼, 못:, 없:다, 울:며, 이:별을, 맴:을, 울:고.

된소리, 거센소리, 예사소리

〈된소리〉

백두산에-백뚜사네, 있기-읻끼, 곱게-곱ː께, 젖줄을-젇쭈를, 없이-업ː씨, 고백할 게-고ː배칼 께, 변함없이-변ː하멉씨, 있다-읻따, 갈렸단다-갈렫딴다, 것도-걷또, 밖에-바께, 못 본단다-몯ː 본(뽄)단다, 부끄럽다-부끄럽따, 올지-올찌, 붉게-불께, 없다-업ː따,

〈거센소리〉

이렇게-이러케, 따뜻한-따뜨탄, 하얗게-하ː야케, 꿋꿋한-꾿꾸탄, 않고-안코, 고백할 게-고ː배칼 께, 재촉한다-재초칸다, 아득히-아드키,

조사 '의'의 발음

이 시에는 아래와 같아 조사 '의'가 나온다.
    '꿋꿋한 우리의 땅에 피를 돌게 함이구나'
    '우리의 마음들이 티 없이 맑은 것은'
    '네 얼굴 보는 것도 남의 땅을 빌려 오고'
이 중에서 조사 '의'와 '에'가 한 행에 같이 나오는 '꿋꿋한 우리의 땅에 피를 돌게 함이구나'는 '의'로 발음하는 것이 좋다.

띄어읽기와 끊어읽기

시조이기 때문에 시조의 율격인 '구' 단위나 '음보' 단위로 낭송하면 무리가 없겠다.

인터넷상의 오류들
현재까지 낭송자가 없어 오류도 없다.

중요 낱말 및 시어 시구 풀이
장군봉 : 백두산 16개의 봉우리 중 하나. 최고봉은 해발 2,744m인 장군봉(병사봉)이다. (한국과 일본 기준 2,744m. 중국 기준 해발 2,749.6m)

낭송의 실제

백두산에 올라 / 황봉학
- 백뚜사네 올라 / 시조 황봉학. 낭 : 송 ○○○.

　내 조국 내 겨레가 이렇게 따뜻한 것은
　- 내 조국 내 겨레가 이러케 따뜨탄 거슨
　비바람 막아 주는 네가 있기 때문이구나
　- 비바람 마가 주는 네가 읻끼 때무니구나
　하얗게 우뚝 솟아오른 네 모습이 늠름하다
　- 하ː야케 우뚝 소사오른 네 모스비 늠ː늠하다

　내 산야 내 동포가 이렇게 풍요로운 것은
　- 내 사냐 내 동포가 이러케 풍요로운 거슨

푸른 물 곱게 모아 젖줄을 만들어서
- 푸른 물 곱ː께 모아 젇쭈를 만드러서
꿋꿋한 우리의 땅에 피를 돌게 함이구나
- 꾿꾸탄 우리의(에) 땅에 피를 돌ː게 하미구나

우리의 마음들이 티 없이 맑은 것은
- 우리의(에) 마음드리 티 업ː씨 말근 거슨
네 허리 감돌아서 정갈해진 바람들이
- 네 허리 감ː도라서 정갈해진 바람드리
하루도 변하지 않고 불어주기 때문이다
- 하루도 변ː하지 안코 부러주기 때무니다

나, 오늘 여기 올라 고백할게 하나 있다
- 나 오늘 여기 올라 고ː배칼께 하나 읻따
네 사랑은 변함없이 수천 년을 이었는데
- 네 사랑은 변ː하멉씨 수ː천 녀늘 이얻는데
철부지 우리 민족은 두 갈래로 갈렸단다
- 철부지 우리 민조근 두ː 갈래로 갈렫딴다

오가지 아니하는 원수처럼 갈라서서
- 오가지 아니하는 원ː수처럼 갈라서서
네 얼굴 보는 것도 남의 땅을 빌려 오고

- 네 얼굴 보는 걷또 나믜(메) 땅을 빌려 오고

그나마 아름다운 너를 절반밖에 못 본단다

- 그나마 아름다운 너를 절반바께 몯ː 본(뽄)단다

이렇게 널 찾아온 내 모습이 부끄럽다

- 이러케 널 차자온 내 모스비 부끄럽따

다음에 찾아올 땐 우리 민족 철들어서

- 다으메 차자올 땐 우리 민족 철드러서

웃으며 평양平壤 땅 거쳐 당당하게 찾아오마

- 우스며 평양 땅 거처 당당하게 차자오마

나, 오늘 널 만나고 이렇게 돌아가면

- 나 오늘 널 만나고 이러케 도라가면

어느 때 다시 올지 그 날이 기약 없다

- 어느 때 다시 올찌 그 나리 기약 업ː따

살아서 다시 못 만나면 죽어서도 널 찾으마

- 사라서 다시 몯ː 만나면 주거서도 널 차즈마

석양이 붉게 울며 이별을 재촉한다

- 서걍이 불께 울ː며 이ː벼를 재초칸다

장군봉將軍峰 맴을 도는 까막까치 함께 울고

- 장군봉 매ː을 도는 까막까치 함께 울ː고

아득히 푸른 천지天地가 내 눈물처럼 시리다.
- 아드키 푸른 천지가 내 눈물처럼 시리다.

18 김현태의 「인연이라는 것에 대하여」

인연이라는 것에 대하여 / 김현태

누군가가 그랬습니다.

인연이란 잠자리 날개가 바위에 스쳐,
그 바위가 눈꽃처럼 하이얀 가루가 될 즈음,
그때서야 한 번 찾아오는 것이라고.

그것이 인연이라고 누군가가 그랬습니다.

등나무 그늘에 누워 같은 하루를 바라보는
저 연인에게도 분명 우리가 다 알지 못할
눈물겨운 기다림이 있었다는 사실을.

그렇기에 겨울꽃보다 더 아름답고,
사람 안에 또 한 사람을 잉태할 수 있게 함이.

〉
그것이 사람의 인연이라고 누군가가 그랬습니다.

나무와 구름 사이
바다와 섬 사이
그리고 사람과 사람 사이에는
수천, 수만 번의 애달프고 쓰라린
잠자리 날갯짓이 숨 쉬고 있음을.

누군가가 그랬습니다.
인연은 서리처럼 겨울담장을 조용히 넘어오기에
한겨울에도 마음의 문을 활짝 열어 놓아야 한다고.

누군가가 그랬습니다.
먹구름처럼 흔들거리더니 대뜸 내 손목을 잡으며
함께 겨울나무가 되어줄 수 있느냐고.

눈 내리는 어느 겨울밤에,
눈 위에 무릎을 적시며 천 년에나 한 번 마주칠
인연인 것처럼 잠자리 날개처럼 부르르 떨며
그 누군가가 내게 그랬습니다.

- 김현태 시집.『스치면 인연 스며들면 사랑』(레몬북스, 2015. 11. 25.) 14~15쪽.

원본 또는 정본 확인과정

김현태 시집 『스치면 인연 스며들면 사랑』에서 원본 발췌.

참고본 또는 이본

인연이라는 것에 대하여 / 김현태

누군가 그랬습니다

인연이란
잠자리 날개가 바위에 스쳐
그 바위가 눈꽃처럼 하이얀 가루가 될 즈음
그때서야 한 번 찾아오는 것이라고

그것이 인연이라고
누군가 그랬습니다

등나무 그늘에 누워
같은 하루를 바라보는 저 연인에게도
분명 우리가 다 알지 못할
눈물겨운 기다림이 있었다는 사실을
〉

그렇기에
겨울꽃보다 더 아름답고
사람 안에 또 한 사람을 잉태할 수 있게 함이
그것이 사람의 인연이라고
누군가 그랬습니다

나무와 구름 사이
바다와 섬 사이
그리고
사람과 사람 사이에는
수천, 수만 번의 애달프고 쓰라린
잠자리 날갯짓이 숨쉬고 있음을

누군가 그랬습니다
인연은
서리처럼 겨울 담을 조용히 넘어 오기에
한겨울에도
마음의 문을 활짝 열어놓아야 한다고

누군가 그랬습니다
먹구름처럼 흔들거리더니
대뜸 내 손목을 잡으며

함께 겨울나무가 되어줄 수 있느냐고

눈 내리는 어느 겨울밤
눈 위에 무릎을 적시며
천년에나 한 번 마주칠
인연인 것처럼
잠자리 날개처럼 부르르 떨며
그 누군가 내게 그랬습니다

- 김현태 시집.『그대는 왠지 느낌이 좋습니다』
 (책만드는집, 2002. 3. 25.) 33~35쪽.

작품 교송(2인)의 예

A. 인연이라는 것에 대하여 / 시 : 김현태
B. 낭송 : ○○○, A. ○○○.

1연) A. 누군가가 그랬습니다.

2연) B. 인연이란 잠자리 날개가 바위에 스쳐,
     그 바위가 눈꽃처럼 하이얀 가루가 될 즈음,

　　　　　그때서야 한 번 찾아오는 것이라고.

3연) A. 그것이 인연이라고 누군가가 그랬습니다.

4연) B. 등나무 그늘에 누워 같은 하루를 바라보는
　　　　저 연인에게도 분명 우리가 다 알지 못할
　　　　눈물겨운 기다림이 있었다는 사실을.

5연) A. 그렇기에 겨울꽃보다 더 아름답고,
　　　　사람 안에 또 한 사람을 잉태할 수 있게 함이.

6연) 그것이 사람의 인연이라고 누군가가 그랬습니다.

7연) B. 나무와 구름 사이
　　　A. 바다와 섬 사이
　　　B. 그리고 사람과 사람 사이에는
　　　　 수천, 수만 번의 애달프고 쓰라린
　　　　 잠자리 날갯짓이 숨 쉬고 있음을.

8연) A. 누군가가 그랬습니다.
　　　B. 인연은 서리처럼 겨울담장을 조용히 넘어 오기에
　　　　 한겨울에도 마음의 문을 활짝 열어 놓아야 한다고.

9연) A. 누군가가 그랬습니다.
　　B. 먹구름처럼 흔들거리더니 대뜸 내 손목을 잡으며
　　A. B. 함께 겨울나무가 되어줄 수 있느냐고.

10연) A. 눈 내리는 어느 겨울밤에,
　　　눈 위에 무릎을 적시며 천 년에나 한 번 마주칠
　　B. 인연인 것처럼 잠자리 날개처럼 부르르 떨며
　　A. B. 그 누군가가 내게 그랬습니다.

연출노트

무대에 불이 들어오고, 음악이 흐른다.
A와 B가 등장하여 무대 양쪽에서 마주보고 선다.

꽃을 든 남자 A와 드레스를 입은 여자가 서로를 향하여 걸어가 엇갈리며 무대 중앙에서 한 바퀴 원을 그린 후 무대 양쪽으로 갈라선다.
(또는 정장을 입고 의자에 앉은 여자와 양복을 입은 남자가 여자 뒤쪽에 선다)

A가 시의 제목과 시인의 이름을 밝힌다.
B가 낭송인(본인)의 이름을 밝히고 A가 이어서 낭송인(본인)의 이름을 밝힌다.
A가 1연을 B를 바라보며 낭송하고 B가 2연을 A를 바라보며 낭송한다.

A가 천천히 앞으로 걸어 나오며 3연을 낭송한다.
B가 천천히 앞으로 걸어 나오며 4연을 낭송한다.
A가 천천히 앞으로 걸어 나오며 5연과 6연을 낭송한다.
B가 천천히 앞으로 걸어 나오며 7연의 1행을 낭송한다.
A가 천천히 앞으로 걸어 나오며 7연의 2행을 낭송한다.
B가 천천히 앞으로 걸어 나오며 7연의 3. 4. 5행을 낭송한다.

(이때 거리가 가까워지면 자연스럽게 자리를 바꾸며 교차한다)
(남여는 꼿꼿이 서 있지 말고 무대를 적절하게 이용하여 교차한다)

A가 청중을 향해 돌아서서 8연의 1행을 낭송한다.
B가 청중을 향해 돌아서서 8연의 2. 3행을 낭송한다.
(A와 B가 다시 서로 마주보고)
A가 9연의 1행을 낭송하고,
B가 9연의 2행을 낭송하고,
(A와 B가 손을 마주 잡으며- 이때 A가 무릎을 꿇고 B에게 꽃을 건네는 것도 좋다) (여자가 꽃을 받아든다)
9연의 3행을 합송한다.

(두 사람이 다시 청중을 향하여 돌아서며)
A가 10연의 1. 2행을 B가 3행을 낭송하고 A와 B가 4행을 합송한다.
(공연인 경우 4행을 반복하여 낭송할 수 있다)

청중을 향하여 2~3초 바라보다 둘이 손을 맞잡고 뒤로 한 발 물러나 인사를 한다.

시인소개

김현태 작가, 시인

1997년 월간 「소년문학」에서 신인문학상 수상,
2000년 한국일보 신춘문예 희곡부문에 「행복한 선인장」이 당선.

시의 이해

이 시는 '누군가가 그랬습니다'라는 가정하에 '인연'이라는 명제를 설명하고 있다.

발음 연구

무릎을 : 무르블(X). 무르플(○).
넘: 다 : 어원 '넘: 다'는 장음이다. 활용형 '넘어'는 단음이다.
넘어 : '너머'의 비표준어이다. 단음이다.
넘어오다 : 단음으로 발음한다. 활용형 '넘어와' '넘어오니' 모두 단음으로 발음한다.
※ 잠자리 : 발음 주의.
- 잠짜리 : 1. 잠을 자기 위해 사용하는 이부자리나 침대보 따위를 통틀어 이르는 말. 2. 누워서 잠을 자는 곳. 3. 남녀의 성적 관계를 완곡하게 이르는 말.

- 잠자리 : 〈동물〉 잠자리목의 곤충을 통틀어 이르는 말.

장단음 연구
〈장음〉

대:하여. 눈:꽃처럼, 연:인에게도, 다:, 알:지, 못:할, 사:실을, 사:람, 사:람을, 잉:태할, 섬:, 수:천, 수:만, 숨:, 쉬:고, 눈:. 떨:며.

된소리, 거센소리, 예사소리
〈된소리〉

그랬습니다-그랟씀니다, 있었다는-이썬따는, 겨울꽃보다-겨울꼳뽀다, 아름답고-아름답꼬, 잉태할 수 있게-잉 : 태할 수(쑤) 읻께, 날개짓이-날개찌시, 먹구름처럼-먹꾸름처럼, 되어줄 수-되어줄 수(쑤), 겨울밤에-겨울빠메, 적시며-적씨며.

〈거센소리〉

못할-모 : 탈, 그렇기에-그러키에.

조사 '의'의 발음

이 시에는 아래와 같이 두 군데 조사 '의'가 등장한다.
　'마음의 문을 활짝 열어 놓아야 한다고'
　'그것이 사람의 인연이라고'
'에'로 발음하여도 무관하다. 잘 선택하여 낭송하기 바란다.

띄어 읽기와 끊어 읽기

이 시는 '시행=율행'으로 배열이 되어 낭송하기 아주 적합하게 되어 있다.

중요 낱말 및 시어 시구 풀이

잠자리 날개 : 불교의 인연설에 기인한다.

인터넷상의 오류

수천, 수만 번의 애달프고 쓰라린(○). 수천, 수만 번의 애달고 쓰라린(X).

낭송의 실제

인연이라는 것에 대하여 / 김현태

－ 이녀니라는 거세 대ː하여 / 시 김현태. 낭ː송 ○○○.

누군가가 그랬습니다.

－ 누군가가 그랟씀니다.

인연이란 잠자리 날개가 바위에 스쳐,

－ 이녀니란 잠자리 날개가 바위에 스쳐,

그 바위가 눈꽃처럼 하이얀 가루가 될 즈음,

－ 그 바위가 눈ː꼳처럼 하이얀 가루가 될 즈음,

그때서야 한 번 찾아오는 것이라고.

− 그때서야 한 번 차자오는 거시라고.

그것이 인연이라고 누군가가 그랬습니다.
− 그거시 이녀니라고 누군가가 그랟씀니다.

등나무 그늘에 누워 같은 하루를 바라보는
− 등나무 그느레 누워 가튼 하루를 바라보는
저 연인에게도 분명 우리가 다 알지 못할
− 저 여:니네게도 분명 우리가 다: 알:지 모:탈
눈물겨운 기다림이 있었다는 사실을.
− 눈물겨운 기다리미 이썯따는 사:시를.

그렇기에 겨울꽃보다 더 아름답고,
− 그러키에 겨울꼳뽀다 더 아름답꼬,
사람 안에 또 한 사람을 잉태할 수 있게 함이.
− 사:람 아네 또 한 사:라믈 잉:태할 수(쑤) 읻께 하미.

그것이 사람의 인연이라고 누군가가 그랬습니다.
− 그거시 사:라믜(메) 이녀니라고 누군가가 그랟씀니다.

나무와 구름 사이
− 나무와 구름 사이

233

바다와 섬 사이
- 바다와 섬ː 사이
그리고 사람과 사람 사이에는
- 그리고 사ː람과 사ː람 사이에는
수천, 수만 번의 애달프고 쓰라린
- 수ː천, 수ː만 버늬(네) 애달프고 쓰라린
잠자리 날갯짓이 숨 쉬고 있음을.
- 잠자리 날개찌시 숨ː 쉬ː고 이쓰믈.

누군가가 그랬습니다.
- 누군가가 그랟씀니다.
인연은 서리처럼 겨울담장을 조용히 넘어 오기에
- 이녀는 서리처럼 겨울담장을 조용히 너머 오기에
한겨울에도 마음의 문을 활짝 열어 놓아야 한다고.
- 한겨우레도 마으믜(메) 무늘 활짝 여러 노아야 한다고.

누군가가 그랬습니다.
- 누군가가 그랟씀니다.
먹구름처럼 흔들거리더니 대뜸 내 손목을 잡으며
- 먹꾸름처럼 흔들거리더니 대뜸 내 손모글 자브며
함께 겨울나무가 되어줄 수 있느냐고.
- 함께 겨울라무가 되어줄 수(쑤) 인느냐고.

〉

눈 내리는 어느 겨울밤에,

- 눈ː 내리는 어느 겨울빰에,

눈 위에 무릎을 적시며 천 년에나 한 번 마주칠

- 눈ː 위에 무르플 적씨며 천 녀네나 한 번 마주칠

인연인 것처럼 잠자리 날개처럼 부르르 떨며

- 이녀닌 걷처럼 잠자리 날개처럼 부르르 떨ː며

그 누군가가 내게 그랬습니다.

- 그 누군가가 내게 그랟씀니다.

19 이근배의 「겨울행」

겨울행 / 이근배

1
대낮의 풍설은 나를 취하게 한다
나는 정처 없다
산이거나 들이거나 나는
비틀걸음으로 떠다닌다
쏟아지는 눈발이 앞을 가린다
눈발 속에서 초가집 한 채가 떠오른다
아궁이 앞에서 생솔을
때시는 어머니.

2
어머니.
눈이 많이 내린 이 겨울
나는 고향엘 가고 싶습니다

그곳에 가서 다시 보고 싶은 것이 있습니다
여름날 당신의 적삼에 배이던 땀과
등잔불을 끈 어둠 속에서 당신의
얼굴을 타고 내리던 그 눈물을 보고 싶습니다
나는 술 취한 듯 눈길을 갑니다

설해목雪害木 쓰러진 자리
생솔 가지를 꺾던 눈밭의
당신의 언 발이 짚어가던 발자국이 남은
그 땅을 찾아서 갑니다
헌 누더기 옷으로도 추위를 못 가리시던
어머니
연기 속에 눈 못 뜨고 때시던
생솔의, 타는 불꽃의, 저녁나절의
모습이 자꾸 떠올려지는
눈이 많이 내린 이 겨울
나는 자꾸 취해서 비틀거립니다.

- 이근배의 시집 『살다가 보면』 (시인생각, 2013. 5) 16~17쪽.

원본 또는 정본 확인과정

이근배 시인의 시집 『살다가 보면』에서 원본 발췌.

참고본 또는 이본

비교해야 할 이본이 없다.

시인 소개

이근배 시인

출생 : 1940년 충남 당진

데뷔 : 1961~1964년 신춘문예(경향, 서울, 조선, 동아)시, 시조, 동시 당선.

저서 : 장편서사시집 『한강』, 시조집 『동해 바닷 속의 돌거북이 하는 말』, 기행문집 『시가 있는 국토기행』, 시선집 『사랑 앞에서는 돌도 운다』 등이 있음.

경력 : 한국시인협회장, 한국시조시인협회장, 대한민국예술원 부회장 역임. 현재 대한민국예술원 문학분과회장, 중앙대 초빙교수, 공초숭모회 회장.

수상 : 문공부신인예술상, 한국문학작가상, 한국시인협회상, 중앙시조대상, 고산문학상, 한국시조대상, 만해대상 등 수상, 은관문화훈장

시의 이해

　시는 아는 만큼 이해하고 감상하게 된다. 도시에서 나고 자란 요즘의 젊은이들은 이 시를 읽고 감동하기 쉽지 않다. 생솔을 땐다는 것이 무엇인지 보거나 듣지 못했을 것이기 때문이다. 이근배 시인의 어린 시절쯤에는 시골 어디서나 볼 수 있는 풍경으로 겨울철 마른 땔감이 부족하면 가까운 산에서 소나무의 생가지를 꺾어 와 불을 지폈다. 신기하게도 마르지도 않은 생나무가 잘 타는 이유는 소나무의 송진 성분 때문이다. 그러나 생솔은 연기가 많이 나와서 눈을 뜰 수 없을 정도로 맵다.

　이근배 시인은 눈이 많이 내린 겨울날, 풍설을 보면서 고향의 어머니를 떠올린다. 식구들 모르게 등잔불을 끈 어둠 속에서 울던, 언 발로 눈밭에서 생솔을 꺾던, 헌 누더기로도 추위를 견디던, 눈 못 뜨고 생솔을 때시던 어머니를 떠올리며 고향엘 가고 싶다고 말한다.

　술을 먹지 않아도 고향 생각에 취한 시인의 발걸음이 눈 위에 비틀비틀 발자국을 남긴다.

발음 연구

남은 : 어원 '남: 다'는 장음이지만 활용형 '남은'은 단음으로 발음한다.
배이던 : 어원 '배:다'는 장음이지만 활용형 '배이다'는 단음으로 발음한다.

장단음 연구

〈장음〉

대:낮, 취:하게, 정:처, 없:다, 들:이거나, 눈:발이, 눈:발 속:에서, 때:시는, 눈:이, 많:이, 취:한, 눈:밭의, 언:, 헌:, 못:, 때:시던 취:해서.

된소리, 거센소리, 예사소리

⟨된소리⟩

없다-업:따, 눈발이-눈:빠리, 눈발-눈:빨, 싫습니다-십씀니다, 있습니다-읻씀니다, 적삼에-적싸메, 등잔불을-등잔뿌를, 눈길을-눈:끼를, 꺾던-꺽떤, 발자국이-발짜구기.

조사 '의'의 발음

이 시에는 조사 '의'가 아래와 같이 등장한다.

　'대낮의 풍설은 나를 취하게 한다'
　'여름날 당신의 적삼에 배이던 땀과'
　'등잔불을 끈 어둠 속에서 당신의'
　'생솔 가지를 꺾던 눈밭의'
　'당신의 언 발이 짚어가던 발자국이 남은'
　'생솔의, 타는 불꽃의, 저녁나절의'

'에'로 발음해도 무리는 없으나 '의'와 '에' 연달아 나오는 '여름날 당신의 적삼에 배이던 땀과'는 '의'로 발음하기를 권한다.

띄어읽기와 끊어읽기

　'등잔불을 끈/ 어둠 속에서 당신의'//

'얼굴을 타고 내리던/ 그 눈물을 보고 싶습니다'
행을 지키면서 낭송하는 연습을 꾸준히 하여야 한다.

중요 낱말 및 시어 시구 풀이

생솔 : 1. 살아 있는 소나무.
       2. 벤 지 얼마 안 되어 채 마르지 아니한 소나무.

낭송의 실제

겨울행 / 이근배

- 겨울행 / 시 이근배. 낭:송 ○○○.

1
대낮의 풍설은 나를 취하게 한다
- 대:나직(제) 풍서른 나를 취:하게 한다
나는 정처 없다
- 나는 정:처 업:따
산이거나 들이거나 나는
- 사니거나 드:리거나 나는
비틀걸음으로 떠다닌다
- 비틀거르므로 떠다닌다
쏟아지는 눈발이 앞을 가린다

- 쏘다지는 눈 : 빠리 아플 가린다

눈발 속에서 초가집 한 채가 떠오른다

- 눈 : 빨 소 : 게서 초가집 한 채가 떠오른다

아궁이 앞에서 생솔을

- 아궁이 아페서 생소를

때시는 어머니.

- 때 : 시는 어머니.

2

어머니.

- 어머니

눈이 많이 내린 이 겨울

- 누 : 니 마 : 니 내린 이 겨울

나는 고향엘 가고 싶습니다

- 나는 고향엘 가고 십씀니다

그곳에 가서 다시 보고 싶은 것이 있습니다

- 그고세 가서 다시 보고 시픈 거시 읻씀니다

여름날 당신의 적삼에 배이던 땀과

- 여름날 당시늬(니) 적싸메 배이던 땀과

등잔불을 끈 어둠 속에서 당신의

- 등잔뿌를 끈 어둠 소 : 게서 당시늬(니)

얼굴을 타고 내리던 그 눈물을 보고 싶습니다

- 얼구를 타고 내리던 그 눈무를 보고 십씀니다

나는 술 취한 듯 눈길을 갑니다

- 나는 술 취ː한 듣 눈ː끼를 감니다

설해목 쓰러진 자리

- 설해목 쓰러진 자리

생솔 가지를 꺾던 눈밭의

- 생솔 가지를 꺽떤 눈ː바틔(테)

당신의 언 발이 짚어가던 발자국이 남은

- 당시늬(네) 언ː 바리 지퍼가던 발짜구기 나믄

그 땅을 찾아서 갑니다

- 그 땅을 차자서 감니다

헌 누더기 옷으로도 추위를 못 가리시던

- 헌ː 누더기 오스로도 추위를 몯ː 가리시던

어머니

- 어머니

연기 속에 눈 못 뜨고 때시던

- 연기 소ː게 눈 몯ː 뜨고 때ː시던

생솔의, 타는 불꽃의, 저녁나절의

- 생소릐(레), 타는 불꼬츼(체), 저녁나저릐(레)

모습이 자꾸 떠올려지는

- 모스비 자꾸 떠올려지는

눈이 많이 내린 이 겨울

- 누:니 마:니 내린 이 겨울

나는 자꾸 취해서 비틀거립니다.

- 나는 자꾸 취:해서 비틀거림니다.

강의 노트

　시낭송은 문자로 표현된 시를 음성을 매개로 하여 전달하는 것이므로 발음이 분명하면서 표준 발음에 맞아야 시인의 의도가 왜곡되지 않고 올바르게 전달될 수 있을 것이다.

　오늘날은 사회생활이 바빠진 만큼 속도를 요구하게 되어 그로 인해 사람의 성품이 과격해지고 거칠어지다 보니 언어 또한 경음화 되어 가고 있는 실정이다.

　이러한 현상을 시낭송가들이 앞장서서 시를 바르게 낭송함으로써 언어순화에 앞장 서야 한다.

20 문정희의 「곡비哭婢」

곡비哭婢 / 문정희

사시사철 엉겅퀴처럼 푸르죽죽하던 옥례 엄마는
곡哭을 팔고 다니던 곡비哭婢였다

이 세상 가장 슬픈 사람들의 울음
천지가 진동하게 대신 울어 주고
그네 울음에 꺼져 버린 땅 밑으로
떨어지는 무수한 별똥 주워 먹고 살았다
그네의 허기 위로 쏟아지는 별똥 주워 먹으며
까무러칠 듯 울어 대는 곡哭소리에
이승에는 눈 못 감고 떠도는 죽음 하나도 없었다
저승으로 갈 사람 편히 떠나고
남은 이들만 잠시 서성일 뿐이었다

가장 아프고 가장 요염하게 울음 우는

옥례 엄마 머리 위에
하늘은 구멍마다 별똥 매달아 놓았다

그네의 울음은 언제 그칠 것인가
엉겅퀴 같은 옥례야, 우리 시인의 딸아
너도 어서 전문적으로 우는 법 깨쳐야 하리

이 세상 사람들의 울음
까무러치게 대신 우는 법
알아야 하리

- 시선집 『지금 장미를 따라』 (민음사, 2016.5.27.) 64~68쪽.

원본 또는 정본 확인과정

　이 시는 다행이랄까? 아직 낭송하여 인터넷 매체 등에 올라온 것이 없다. 오염이 되어 있지 않다는 것이다. 수능 준비하는 학생들을 위하여 시 해설은 많이 올라와 있으니, 시를 이해하기에는 어려움이 없겠다. 시집을 기준으로 '원본' 확인을 하였으니, 시의 행과 발음에 주의하면서 낭송하면 큰 무리는 없겠다.

참고본 또는 이본
비교할 이본이 없다.

시의 이해
　이 시의 메시지는 시인의 시는 '아픈 사람을 위로하는 것이어야 한다'는 것을 곡비인 옥례엄마를 통하여 전하고 있다. 옥례는 이 시대의 아픈 사람을 위하여 대신 울어주어야 하는 시인을 말한다. 정진규 시인께서는 일찍이 '고되고 아픈 사람을 위로하지 못한다면 시가 무슨 소용이 있겠냐'고 말씀하셨다. 유교문화를 중요시하는 옛날에는 장례식에 울음이 끊어져서는 안 되었다. 울음은 곧 죽은 사람을 위로하는 것이었으니까. 그래서 상주들이 지쳐 울음을 계속할 수 없을 때 대신 울어줄 사람이 필요했다. 그 역할을 해온 사람이 '곡비'이며 '옥례엄마'이다. 그 '옥례엄마'를 대신해야 하는 사람이 곧 시인이라고 화자는 말하고 있다. 즉 시인은 '다른 사람을 위로하는 존재'가 되어야 한다는 것을 말하는 것이다.

　'곡비'라는 이름을 요즘 세대들은 잘 모르는 이름이다. 그러나 '곡비'라는 이름이 주는 신비감 내지 주검에 대해서도 끝까지 예를 다하고 영혼이 이승을 떠돌지 못하도록 하고자 하는 우리 조상들의 유교적 사상은 그 이름이 사라진 지금도 우리 시인들의 시적 소재가 되어 손택수, 안도현, 최서림, 고은, 이명주 등이 작품으로 남겼다.

시인 소개

문정희 시인

출생 : 1947년 5월 25일, 전남 보성군.

데뷔 : 1969년 『월간문학』 시 「불면」 신인상 당선으로 등단.

경력 : 2014년 09월~2015년, 제40대 한국시인협회 회장.

수상 : 2015년, 제8회 목월문학상. 현대문학상, 소월문학상, 정지용문학상.

발음 연구

울어주고 : 어원인 '울: 다'는 장음이지만 활용형 '울어'는 단음이다.

주워 : 어원인 '줍: 다'는 장음이지만 활용형 '주워'는 단음이다.

장단음 연구

〈장음〉

사:시사:철, 세:상, 사:람들의, 진:동하게, 대:신, 별:똥, 못:, 감:고, 없:었다, 사:람, 잠:시, 우:는, 매:달아, 언:제.

〈단음〉

울어주고, 주워,

된소리, 거센소리, 예사소리

〈된소리〉

곡비-곡삐, 푸르죽죽하던-푸르죽쭈카던, 먹고살았다-먹꼬사랃따, 까무러칠 듯-까무러칠 뜯, 곡소리에-곡쏘리에, 감고-감ː꼬, 없었다-업ː썯따, 뿐이었다-뿌니얻따, 놓았다-노앋따, 그칠 것인가-그칠 꺼신가.
〈거센소리〉
푸르죽죽하던-푸르죽쭈카던,

조사 '의' 의 발음

이 시에는 아래와 같이 조사 '의'가 있다.
　'이 세상 가장 슬픈 사람들의 울음'
　'그네의 허기 위로 쏟아지는 별똥 주워 먹으며'
　'그네의 울음은 언제 그칠 것인가'
　'엉겅퀴 같은 옥례야, 우리 시인의 딸아'
　'이 세상 사람들의 울음'
조사 '의'를 '에'로 발음하여도 큰 무리가 없겠다.

띄어읽기와 끊어읽기

시행에 따라 낭송하면 된다.

중요 낱말 및 시어 시구 풀이

곡비哭婢 : 양반의 장례 때 주인을 대신하여 곡하던 계집종.

낭송의 실제

곡비哭婢 / 문정희

- 곡삐 / 시 문정희. 낭:송 ○○○.

사시사철 엉겅퀴처럼 푸르죽죽하던 옥례 엄마는
- 사:시사:철 엉겅퀴처럼 푸르죽쭈카던 옥례(옹녜) 엄마는

곡哭을 팔고 다니던 곡비哭婢였다
- 고글 팔고 다니던 곡삐열따

이 세상 가장 슬픈 사람들의 울음
- 이 세:상 가장 슬픈 사:람드리(레) 우름

천지가 진동하게 대신 울어 주고
- 천지가 진:동하게 대:신 우러 주고

그네 울음에 꺼져 버린 땅 밑으로
- 그네 우르메 꺼저 버린 땅 미트로

떨어지는 무수한 별똥 주워 먹고 살았다
- 떠러지는 무수한 별:똥 주워 먹꼬 사랃따

그네의 허기 위로 쏟아지는 별똥 주워 먹으며
- 그네의 허기 위로 쏘다지는 별:똥 주워 머그며

까무러칠 듯 울어 대는 곡哭소리에
- 까무러칠 듣(뜯) 우러 대:는 곡쏘리에

이승에는 눈 못 감고 떠도는 죽음 하나도 없었다
- 이승에는 눈 몯ː 감ː꼬 떠도는 주금 하나도 업ː썯따
저승으로 갈 사람 편히 떠나고
- 저승으로 갈 사ː람 편히 떠나고
남은 이들만 잠시 서성일 뿐이었다
- 나믄 이들만 잠ː시 서성일 뿌니얻따

가장 아프고 가장 요염하게 울음 우는
- 가장 아프고 가장 요염하게 우름 우ː는
옥례 엄마 머리 위에
- 옥례(옹녜) 엄마 머리 위에
하늘은 구멍마다 별똥 매달아 놓았다
- 하느른 구멍마다 별ː똥 매ː다라 노앋따

그네의 울음은 언제 그칠 것인가
- 그네의 우르믄 언ː제 그칠 거신가(꺼신가)
엉겅퀴 같은 옥례야, 우리 시인의 딸아
- 엉겅퀴 가튼 옥례(옹녜)야, 우리 시이늬(네) 따라
너도 어서 전문적으로 우는 법 깨쳐야 하리
- 너도 어서 전문저그로 우ː는 법 깨처야 하리

이 세상 사람들의 울음

- 이 세:상 사:람드리(레) 우름

까무러치게 대신 우는 법

- 까무러치게 대:신 우:는 법

알아야 하리

- 아라야 하리

21 심순덕의 「엄마는 그래도 되는 줄 알았습니다」

엄마는 그래도 되는 줄 알았습니다 / 심순덕

엄마는
그래도 되는 줄 알았습니다
하루 종일 밭에서 죽어라 힘들게 일해도

엄마는
그래도 되는 줄 알았습니다
찬밥 한 덩이로 대충 부뚜막에 앉아 점심을 때워도

엄마는
그래도 되는 줄 알았습니다
한겨울 냇물에서 맨손으로 빨래를 방망이질해도

엄마는
그래도 되는 줄 알았습니다

배부르다 생각 없다 식구들 다 먹이고 굶어도

엄마는
그래도 되는 줄 알았습니다
발뒤꿈치 다 헤져 이불이 소리를 내도

엄마는
그래도 되는 줄 알았습니다
손톱이 깎을 수조차 없이 닳고 문드러져도

엄마는
그래도 되는 줄 알았습니다
아버지가 화내고 자식들이 속 썩어도 전혀 끄떡없는

엄마는
그래도 되는 줄 알았습니다
외할머니 보고싶다
외할머니 보고싶다 그것이 그냥 넋두리 인줄만…

한밤중 자다 깨어 방구석에서 한없이 소리 죽여 울던 엄마를 본 후론
아!
엄마는 그러면 안 되는 것이었습니다

- 심순덕 시집.『엄마는 그래도 되는 줄 알았습니다.』
  (니들북. 2019. 12. 06.) 106~107쪽.

원본 또는 정본 확인과정
처음 발표된 잡지 '좋은 생각'에 실린 초본과 니들북에 실린 '최종본'을 비교 분석하여 게재하였다.

참고본 또는 이본

엄마는 그래도 되는 줄 알았습니다 / 심순덕

엄마는
그래도 되는 줄 알았습니다
하루 종일 밭에서 죽어라 힘들게 일해도

엄마는
그래도 되는 줄 알았습니다
찬밥 한 덩이로 대충 부뚜막에 앉아 점심을 때워도

엄마는
그래도 되는 줄 알았습니다

한겨울 냇물에서 맨손으로 빨래를 방망이질해도

엄마는
그래도 되는 줄 알았습니다
배부르다, 생각 없다, 식구들 다 먹이고 굶어도

엄마는
그래도 되는 줄 알았습니다
발 뒤꿈치 다 헤져 이불이 소리를 내도

엄마는
그래도 되는 줄 알았습니다
손톱이 깎을 수조차 없이 닳고 문드러져도

엄마는
그래도 되는 줄 알았습니다
아버지가 화내고 자식들이 속썩여도 끄떡없는

엄마는
그래도 되는 줄 알았습니다
외할머니 보고 싶다
외할머니 보고 싶다, 그것이 그냥 넋두리인 줄만

〉
한밤중 자다 깨어 방구석에서 한없이 소리 죽여 울던 엄마를 본 후론
아!
엄마는 그러면 안 되는 것이었습니다

- 출처 : 100인 시집 『그대의 사랑 안에서 쉬고 싶습니다』 (좋은생각, 2000. 5)

시인소개
심순덕 시인

'엄마는 그래도 되는 줄 알았습니다'가 『좋은생각』 100호 기념 이벤트를 통해 〈TV동화 행복한 세상〉에 방송되며 널리 알려졌다. 이효석 전국 백일장 장원, 김삿갓 전국 백일장 장원, 한국문인 시 문학상, 소월문학상 등을 수상했고, 중학 교과서에도 수록되었다.

시집으로 『엄마는 그래도 되는 줄 알았습니다』, 『가슴속에 사는 이름』, 『내 삶에 詩를 심다』가 있으며, 『엄마 마음, 태교시』를 엮었다.

가난한 마음으로 서정적인 시를 쓰는 시인은 호반의 도시 춘천에 살고 있다.

시의 이해

1960년 강원도 평창에서 9남매 중 막내로 출생한 시인은 31세에 어머니가 돌아가시자 어머니에 대한 사무친 그리움 때문에 이 시를 쓰게 되었다고 한다. 2003년에 한국문인으로 등단한 것을 보면 등단 전에 이 시

를 쓴 것을 알 수 있다.

　이 시가 처음 알려진 것은 〈좋은생각〉 100호 기념 『그대의 사랑 안에서 쉬고 싶습니다』(2000)에 수록되면서부터다. 첫 시집은 2002년 11. 30. 대희 출판사. 『엄마는 그래도 되는 줄 알았습니다』로 출간되었으며, 이후 KBS TV의 'TV동화 행복한 세상'에 시가 방송된 후 여러 책에 재수록이 되었다. 그후 최근 tvN 〈시를 잊은 그대에게〉와 2019년 KBS 〈세상에서 제일 예쁜 내 딸〉 마지막회(9월 22일)의 에필로그에 강미선(유선 분)이 돌아가신 어머니 박선자를 떠올리면서 이 시를 낭독한다.

발음 연구
'낭송의 실제' 참고.

장단음 연구
〈장음〉

일:해도, 냇:물에서, 점:심을, 없:다, 다:, 헤:져, 내:도, 없:이, 화:내고, 속:, 외:할머니, 한:없이, 울:던, 후:론.

된소리와 예사소리
〈된소리〉

알았습니다-아랃씀니다, 없다-업:따, 식구들-식꾸들, 발뒤꿈치-발뛰꿈치, 수조차-쑤조차, 없이-업:씨, 자식들이-자식뜨리, 보고싶다-보고십따, 넋두리-넉뚜리, 한밤중-한밤쭝, 방구석에서-방꾸서게서, 한

없이-하 : 넙씨, 것이었습니다-거시얻씀니다.

거센소리
닳고-달코

조사 '의'의 발음
이 시는 조사 '의'가 단 한 곳도 등장하지 않는다.

띄어읽기와 끊어읽기
이 시는 '도치법'으로 연을 구분하였기에 '연'의 구분대로 낭송하여야 한다.

중요 낱말 및 시어 시구 풀이
특이한 시어나 시구가 없다.

낭송의 실제

엄마는 그래도 되는 줄 알았습니다 / 심순덕
- 엄마는 그래도 되는 줄 아랃씀니다 / 시 심순덕. 낭:송 ○○○.

  엄마는
  - 엄마는

그래도 되는 줄 알았습니다

- 그래도 되는 줄 아랃씀니다

하루 종일 밭에서 죽어라 힘들게 일해도

- 하루 종일 바테서 주거라 힘들게 일ː해도

엄마는

- 엄마는

그래도 되는 줄 알았습니다

- 그래도 되는 줄 아랃씀니다

찬밥 한 덩이로 대충 부뚜막에 앉아 점심을 때워도

- 찬밥 한 덩이로 대충 부뚜마게 안자 점ː시믈 때워도

엄마는

- 엄마는

그래도 되는 줄 알았습니다

- 그래도 되는 줄 아랃씀니다

한겨울 냇물에서 맨손으로 빨래를 방망이질해도

- 한겨울 낸ː무레서 맨소느로 빨래를 방망이질해도

엄마는

- 엄마는

그래도 되는 줄 알았습니다

- 그래도 되는 줄 아랃씀니다

배부르다 생각 없다 식구들 다 먹이고 굶어도

- 배부르다 생각 업:따 식꾸들 다: 머기고 굴머도

엄마는

- 엄마는

그래도 되는 줄 알았습니다

- 그래도 되는 줄 아랃씀니다

발뒤꿈치 다 헤져 이불이 소리를 내도

- 발뛰꿈치 다: 헤:저 이부리 소리를 내:도

엄마는

- 엄마는

그래도 되는 줄 알았습니다

- 그래도 되는 줄 아랃씀니다

손톱이 깎을 수조차 없이 닳고 문드러져도

- 손토비 까끌 수(쑤)조차 업:씨 달코 문드러저도

엄마는

- 엄마는

그래도 되는 줄 알았습니다

- 그래도 되는 줄 아랃씀니다

아버지가 화내고 자식들이 속 썩여도 전혀 끄떡없는
- 아버지가 화:내고 자식뜨리 속: 써겨도 전혀 끄떠검는

엄마는
- 엄마는
그래도 되는 줄 알았습니다
- 그래도 되는 줄 아랃씀니다
외할머니 보고싶다
- 외(웨):할머니 보고십따
외할머니 보고싶다 그것이 그냥 넋두리 인줄만…
- 외(웨):할머니 보고십따 그거시 그냥 넉뚜리 인줄만…

한밤중 자다 깨어 방구석에서 한없이 소리 죽여 울던 엄마를 본 후론
- 한밤쭝 자다 깨어 방꾸서게서 하:넙씨 소리 주겨 울:던 엄마를 본 후:론
아!
- 아!
엄마는 그러면 안 되는 것이었습니다
- 엄마는 그러면 안 되는 거시얻씀니다

22 유치환의 「초상집」

초상집 / 유치환

  기척 없이 짙어 오는 푸른 저녁의 푸른 어둠이 옷자락에 묻는 호젓한 골목길, 이따금 지나치는 이도 없는 그 돌다리목 한 오막사리 문전에 喪中이라 등 하나 내걸려 밝혀 있고 상제도 곡성도 문상군도 없는 가엾은 초상집!

  늙은 홀어미에 소박더기딸, 그리고 그의 철부지딸 셋이 서로 쳐다만 보고 불꺼진듯이 살다 그 젊은 소박더기가 그만 죽은 것이다.

  아까사 언짢아하는 한 이웃 영감이 등하나 들고 와 문전에 밝혀 주고 가고 단간방 한옆으로 아무렇게나 눕혀 둔 그 지지리도 못났던 목숨의 숨 끊어진 딸년을 두고 그 또한 딸년 못잖은 기박으로 오직 쇠꼬치 같이 모질음만으로 살아 온 늙은 어미는 이내 몹쓸년! 몹쓸년을 뇌이고 있고, 이미 뱃속에서부터 생겨서 안 될 것이 생겨선 어느 뉘게서도 한번이고 따뜻이 안겨 본적이 없는 천덕이 손주년은 한구석에 푸새처럼 꾸겨져 소리 없이 흑흑거리기만 한다.

　이 밤은- 어느 세상과도 무관한 이 밤은 적적히 제대로 깊어 가기만 마련인데 때 않이 등 하나 호젓이 밝혀진 이 골목길 오막사리 문전에는 우러러 보아도 보아도 칠흑 같은 하늘에 바눌귀 같은 별 하나 안보인다.

- 출처『청마 유치환 전집 2』231~232쪽. 국학자료원, 2008. 02월 28일 발행.

* 주석 : 밑줄 친 부분은 '정본'에는 붙여져 있는 것을 표준맞춤법에 맞게 고친 것이다.

원본 또는 정본 확인과정

　'유치환 시인'이라는 유명세와는 달리 시집 구하기가 참 어려웠다. 전국 도서관을 검색하여 수원 '청소년문화센터 한아름도서관'에서 '청마유치환 전집 1~6권'을 찾아내어 원본 확보 작업에 들어갔다. 물론 '정본'과는 다소 차이가 있겠지만 '국학자료원'에서 정리한 것이라 낭송에는 가장 적합할 것으로 판단되어 그 자료를 정리한다.
　또한 수원에서 가장 규모가 큰 '선경도서관'에도 들러 낭송에 필요한 자료들을 추가 확보하였다.

참고본 또는 이본

초상집 / 유치환

　기척 없이 짙어 오는 푸른 저녁의 푸른 어둠이 옷자락에 묻는 호젓한 골목길, 이따금 지나치는이도 없는 그 돌다리목 한 오막사리 문전에 喪中이라 등 하나 내걸려 밝혀 있고 상제도 곡성도 문상군도 없는 가엾은 초상집!

　늙은 홀어미에 소박더기딸, 그리고 그의 철부지딸 셋이 서로 쳐다만 보고 불꺼진듯이 살다 그 젊은 소박더기가 그만 죽은것이다.

　아까사 언짢아하는 한 이웃 영감이 등하나 들고 와 문전에 밝혀 주고 가고 단간방 한옆으로 아무렇게나 눕혀 둔 그 지지리도 못났던 목숨의 숨끊어진 딸년을 두고 그 또한 딸년 못잖은 기박으로 오직 쇠꼬치 같이 모질음만으로 살아 온 늙은 어미는 이내 몹쓸년! 몹쓸년을 뇌이고 있고, 이미 뱃속에서부터 생겨서 안될것이 생겨선 어느 뉘게서도 한번이고 따뜻이 안겨 본적이 없는 천덕이 손주년은 한구석에 푸새처럼 꾸겨져 소리 없이 흑흑거리기만 한다.

　이 밤은– 어느 세상과도 무관한 이 밤은 적적히 제대로 깊어 가기만 마련인데 때 않이 등 하나 호젓이 밝혀진 이 골목길 오막사리 문전에는 우러러 보아도 보아도 칠흑 같은 하늘에 바눌귀 같은 별 하나 안보인다.

-『청마시집』. 1954년(단기4287. 10. 10. 발행). 발행소 문성당.
[정본] -『한국현대시사자료대계』/한양대학교 발행 영인본에서 확보.

시의 이해

초상집이라 하면 먼저 떠오르는 것이 곡성이다. 문상꾼도 있어야 하고 상제도 있어야 한다. 얼마나 가난하고 돌보는 이 없는 집이었으면 '상제도 곡성도 문상군도 없'었을까? 등이라고는 '喪中'이라는 '등 하나' 뿐이다. 그것도 '언짢아하는 이웃 영감이 들고 와 밝혀주고' 간 것이다. 얼마나 안타까웠으면 '언짢아' 한다는 역설적인 표현을 다 썼을까? '쇠꼬치 같이 모질음만으로 살아온 늙은 어미는' 죽은 소박더기 딸년에게 줄 것이라고 기박한 인생살이 밖에 없는 것을 한탄하는 듯, 자신에게 하듯 딸년에게 하듯 '몹쓸년! 몹쓸년을 뇌이고 있'다. 역설적이면서도 역설적이지 않고, 역설적이지 않으면서도 역설적인 이 시는 늙은 어미도 소박더기 딸년도 서방이 없다. 그러니 손주년 또한 '어느 뉘게서도 한번이고 따뜻이 안겨 본적이 없'이 푸새처럼 외로이 자랐을 것이다. 아! '어느 세상과도 무관한 이 밤은 적적히 제대로 깊어 가기만 마련인데' '등 하나 호젓이 밝혀진 이 골목길 오막사리 문전에는 우러러 보아도 보아도 칠흑 같은 하늘에 바눌귀 같은 별 하나 안보인다'

시인 소개

유치환 시인, 교육자

출생 : 1908년 경남 통영

사망 : 1967년

데뷔 : 1931년 『문예월간』지에 시 「정적」으로 등단

경력 : 부산남여자상업고등학교 교장

대표작 : 깃발, 그리움, 절도, 수, 울릉도, 청마시집, 제7시집, 구름에 그린다 등.

발음 연구

젊은 : 어원 '젊:다'는 장음이지만 활용형 '젊은'은 단음으로 발음한다.

살아 : 어원 '살:다'는 장음이지만 활용형 '살아'는 단음으로 발음한다.

뇌이고 : 어원 '뇌:다'는 장음이지만 방언인 '뇌이고'는 단음으로 발음한다.

〈'돌:다리'와 '돌다리'〉

돌:다리 : 돌로 만든 다리. 발음은 장음이고, '돌:다리'로 예사소리로 발음된다.

돌다리 : 도랑에 놓은 작은 다리. 발음은 단음이고, '돌따리'로 된소리로 발음된다.

장단음 연구

〈장음〉

없ː이, 골ː목길, 없ː는, 내ː걸려, 문ː상군도, 가ː엾은, 셋ː이, 쳐ː 다만, 살ː 다, 영ː감이, 아ː무렇게나, 못ː났던, 숨ː, 못ː잖은, 모ː질음만으로, 몹ː쓸년, 천ː덕이, 세ː상과도, 별ː.

된소리, 거센소리, 예사소리

〈된소리〉

초상집-초상찝, 없이-업ː씨, 옷자락에-옫짜라게, 돌다리목-돌따리목, 오막살이-오막싸리, 있고-읻꼬, 곡성도-곡썽도, 문상군도-문ː상꾼도, 가엾은-가ː엽쓴, 소박더기딸-소박떠기딸, 단간방-단간방(단칸빵), 못 났던-몯ː낟떤, 목숨의-목쑤미(메), 못잖은-몯ː짜는, 뱃속에서-배쏘 게서, 안 될 것이-안 될 거시(꺼시), 흑흑거리기만-흐큭꺼리기만, 적 적히-적쩌키, 골목길-골ː목낄, 바눌귀-바눌뀌.

〈거센소리〉

호젓한-호저탄, 밝혀-발켜, 아무렇게나-아ː무러케나, 같이-가치, 흑 흑거리기만-흐큭꺼리기만, 적적히-적쩌키, 밝혀진-발켜진.

조사 '의'의 발음

이 시에는 아래와 같이 세 군데 조사 '의'가 등장한다.

　　'기척 없이 짙어 오는 푸른 저녁의 푸른 어둠이'

　　'그리고 그의 철부지딸'

　　'그 지지리도 못났던 목숨의 숨 끊어진 딸년을 두고'

'에'로 발음하여도 시에 영향을 미치지 않는다.

띄어읽기와 끊어읽기

늙은 홀어미에/ 소박더기딸,/ '그리고 그의 철부지딸/ 셋이' 서로 쳐다만 보고/ 불꺼진듯이 살다/ 그 젊은 소박더기가/ 그만 죽은 것이다.(○)

'그리고 그의/ 철부지딸 셋이'(X)
=
우러러 보아도 보아도/ 칠흑 같은 하늘에/ 바눌귀 같은 별 하나 안보인다.(○)

우러러/ 보아도 보아도/ 칠흑 같은 하늘에 바눌귀 같은 별/ 하나 안보인다.(X)

중요 낱말 및 시어 시구 풀이

아까사 : 조금 전에.
오막사리 : '오막살이'의 비표준어이다.
문상군 : '문상꾼'의 비표준어이다. 문상객을 낮잡아 이르는 말.
소박더기 : '소박데기'의 비표준어.
단간방 : '단칸방'의 비표준어.
칠흙 : '칠흑'의 비표준어.
바눌귀 : '바늘귀'의 비표준어.

낭송의 실제

초상집 / 유치환

– 초상찝 / 시 유치환. 낭 : 송 ○○○.

  기척 없이 짙어 오는 푸른 저녁의 푸른 어둠이 옷자락에 묻는 호젓한 골목길, 이따금 지나치는 이도 없는 그 돌다리목 한 오막사리 문전에 喪中이라 등 하나 내걸려 밝혀 있고 상제도 곡성도 문상군도 없는 가엾은 초상집!
  – 기척 업:씨 지터 오는 푸른 저녀긔(게) 푸른 어두미 옫짜라게 문는 호저탄 골:목낄, 이따금 지나치는 이도 엄:는 그 돌따리목 한 오막싸리 문저네 喪中이라 등 하나 내:걸려 발켜 읻꼬 상제도 곡썽도 문:상꾼도 엄:는 가:엽쓴 초상찝!

  늙은 홀어미에 소박더기딸, 그리고 그의 철부지딸 셋이 서로 쳐다만 보고 불꺼진듯이 살다 그 젊은 소박더기가 그만 죽은 것이다.
  – 늘근 호러미에 소박떠기딸, 그리고 그의(에) 철부지딸 세:시 서로 처:다만 보고 불꺼진드시 살:다 그 절믄 소박떠기가 그만 주근 거시다.

  아까사 언짢아하는 한 이웃 영감이 등하나 들고 와 문전에 밝혀 주고 가고 단간방 한옆으로 아무렇게나 눕혀 둔 그 지지리도 못났던 목숨의 숨 끊어진 딸년을 두고 그 또한 딸년 못잖은 기박으로 오직 쇠꼬치 같이 모질음만으로 살아 온 늙은 어미는 이내 몹쓸년! 몹쓸년을 뇌이고 있고, 이미 뱃속에서부터 생겨서 안 될 것이 생겨선 어느 뉘게서도 한번이고 따뜻이 안겨 본적이 없는 천덕이 손주년은 한구석에 푸새처럼 꾸겨져 소리 없이 흑흑거리기만 한다.

— 아까사 언짜나하는 한 이운 영:가미 등 하나 들고 와 문저네 발켜 주고 가고 단간방(단칸빵) 한녀프로 아:무러케나 누펴 둔 그 지지리도 몬:낟떤 목쑤의(에) 숨: 끄너진 딸려늘 두고 그 또한 딸련 몬:짜는 기바그로 오직 쇠꼬치 가치 모:지름마느로 사라 온 늘근 어미는 이내 몹:쓸년! 몹:쓸녀늘 뇌이고 읻꼬, 이미 배쏘게서부터 생겨서 안 될 거시(꺼시) 생겨선 어느 뉘게서도 한버니고 따뜨시 안겨 본 저기 엄:는 천:더기 손주녀는 한구서게 푸새처럼 꾸겨져 소리 업:씨 흐큭꺼리기만 한다.

이 밤은— 어느 세상과도 무관한 이 밤은 적적히 제대로 깊어 가기만 마련인데 때 않이 등 하나 호젓이 밝혀진 이 골목길 오막사리 문전에는 우러러 보아도 보아도 칠흑 같은 하늘에 바눌귀 같은 별 하나 안보인다.
— 이 바믄— 어느 세:상과도 무관한 이 바믄 적쩌키 제대로 기퍼 가기만 마려닌데 때 아니 등 하나 호저시 발켜진 이 골:목낄 오막싸리 문저네는 우러러 보아도 보아도 칠흑 가튼 하느레 바눌뀌 가튼 별: 하나 안보인다.

강의 노트

〈'본 적'과 '본적'〉

본 적 : 눈으로 확인한 적.

본적 : 호적이 있는 지역.

시를 쓰는 시인들도 시낭송가들도 많이 범하는 오류이다. 꼭 띄어읽기에 유념하여 낭송하여야 한다.